Ivan Kouchnir

Économie des Bahamas

Série "Economie dans les pays"

première publication: 2020
dernière mise à jour: 2021-01-21

Ivan Kouchnir. Économie des Bahamas. Série "Economie dans les pays". - 2020. - 73 pages.

Ce livre sur l'économie des Bahamas des années 1970 aux années 2010. Données source provenant de UN Data.

Taille. Dans les années 2010, le PIB des Bahamas s'élevait à 11,5 milliards de dollars par an; la valeur de l'agriculture était de 99,3 millions de dollars; la valeur de l'industrie était de 653,3 millions de dollars. Comme la part dans le monde était comprise entre 0,01% et 0,1%, le pays est classé une petite économie.

Productivité. Dans les années 2010, le produit intérieur brut par habitant était de 30 953,2 dollars; l'agriculture par habitant était de 266,5 dollars; l'industrie par habitant était de 1 753,9 dollars. Étant donné que la productivité est comprise entre la moyenne et la moyenne supérieure à la moyenne, l'économie est classée comme développée.

Croissance. Dans les années 2010, la croissance du PIB était de 1,3%; la croissance de l'agriculture était de -5,3%; la croissance de l'industrie était de 1,7%.

Structure. Dans les années 2010, l'économie des Bahamas était composée des secteurs suivants: services (47,3%), commerce (30,1%), industrie (7,3%), construction (6,6%), transport (6,5%), agriculture (2,2%).

Exportation et importation. Dans les années 2010, les importations étaient supérieures de 11,0% aux exportations, les importations nettes représentant 4,2% du PIB. La structure technologique des exportations n'est pas meilleure que la structure des importations.

Consommation et reproduction. L'attitude de la reproduction à l'égard de la consommation est meilleure que la moyenne mondiale, de sorte que la part du PIB dans le monde augmentera.

Série "Economie dans les pays": parallel.page.link/fr

© Ivan Kouchnir, 2020

Tous les droits sont réservés.

ISBN: 9798613328710

Contenu

Partie I. Taille	4
Chapitre I. Produit intérieur brut	5
Chapitre II. Valeur ajoutée	9
Chapitre III. Revenu national brut	13
Partie II. Structure	17
Chapitre IV. Agriculture	18
Chapitre V. Industrie	22
Chapitre 5.1. Fabrication	26
Chapitre VI. Construction	31
Chapitre VII. Transport	35
Chapitre VIII. Commerce	39
Chapitre IX. Services	43
Partie III. Relations extérieures	47
Chapitre X. Exportations	48
Chapitre XI. Importations	52
Partie IV. Consommation	57
Chapitre XII. Dépenses publiques	58
Chapitre XIII. Dépenses ménagères	62
Chapitre XIV. Consommation de nourriture	66
Partie V. Reproduction	69
Chapitre XV. Formation de capital fixe	70

Partie I. Taille

	Les années 2010
PIB	11,5 milliards de dollars
Partager dans le monde	0,015%
Partager dans les Amériques	0,045%
Partager aux Caraïbes	3,4%

Chapitre I. Produit intérieur brut

Le PIB des Bahamas est passé de 1,1 milliards de dollars par an dans les années 1970 à 11,5 milliards de dollars par an dans les années 2010, c'est-à-dire 10,4 milliards de dollars ou de 10,0 fois. La variation a été de 8,4 milliards de dollars en raison de l'augmentation de 3,7 fois des prix, et de 800,2 millions de dollars en raison de la croissance de productivité de 1,4 fois, et de 1,1 milliards de dollars en raison de la croissance démographique. La croissance annuelle moyenne du produit intérieur brut était de 2,1%. La valeur minimale était de 763,0 millions de dollars en 1970. La valeur maximale était de 13,6 milliards de dollars en 2019.

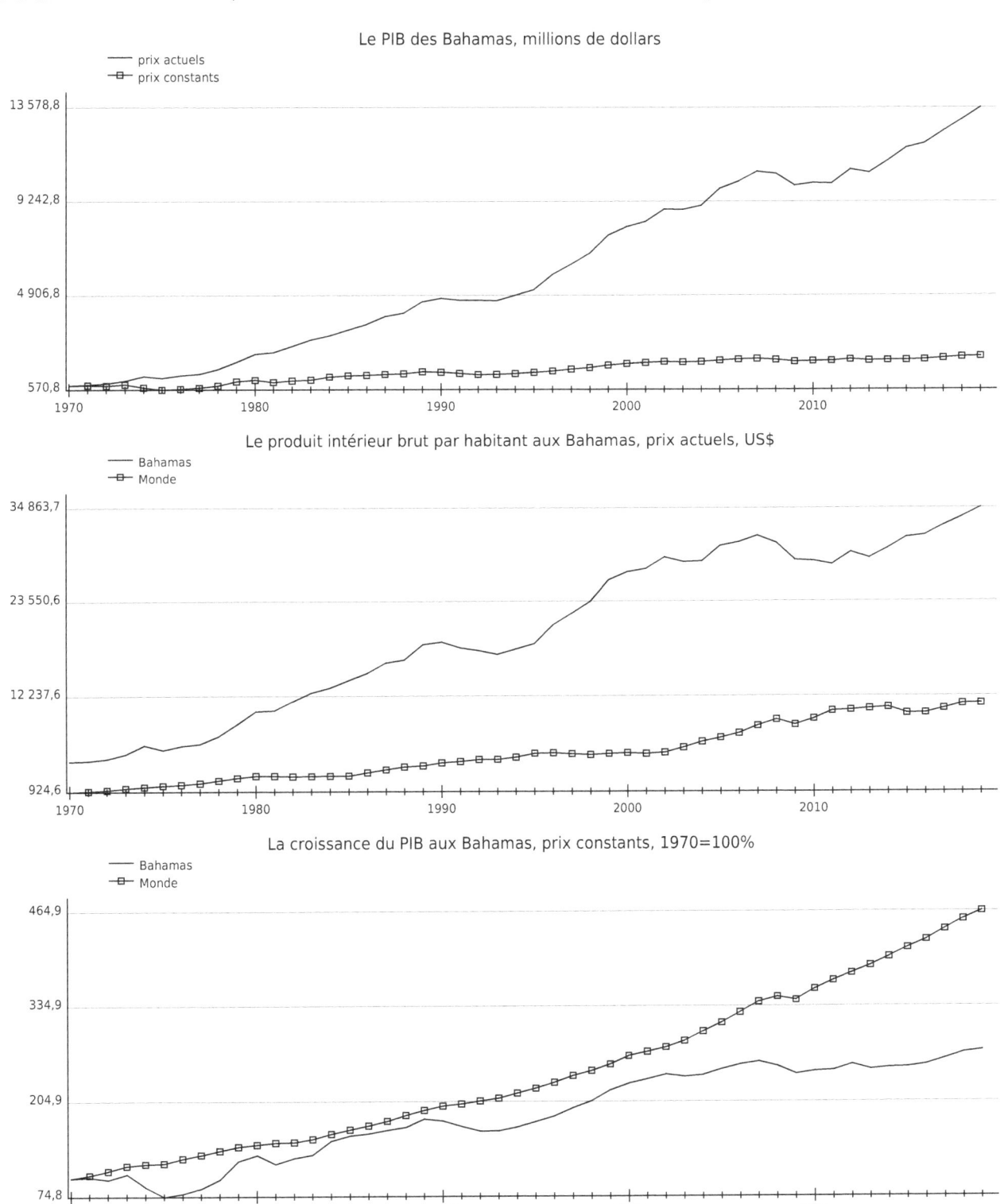

Les années 1970

Le PIB des Bahamas était de 1,1 milliards de dollars par an dans les années 1970, se situant au 110ème rang mondial à égalité avec le Malawi (1,1 milliards de dollars). La part dans le monde était de 0,018% et de 0,051% dans les Amériques.

Le produit intérieur brut des Bahamas était constitué des dépenses ménagères (51,2%), de la formation de capital (20,9%) et des dépenses publiques (11,2%).

Le PIB par habitant aux Bahamas était de 6127.5 dollars dans les années 1970, au 25ème rang mondial, à égalité avec l'Allemagne (6 148,9 de dollars), la France (6 214,9 de dollars), l'Arabie saoudite (6 270,5 de dollars). Le PIB par habitant aux Bahamas était 3,8 fois supérieur le PIB par habitant au Monde (1 620,8 US$), et 51,5% supérieur le PIB par habitant dans les Amériques (4 044,6 US$).

La croissance du produit intérieur brut aux Bahamas était de 2.4% dans les années 1970, au 150ème rang mondial. La croissance du produit intérieur brut aux Bahamas (2,4%) a été inférieure à celle du monde (4,1%), et inférieure à celle des Amériques (4,1%).

Comparaison avec les voisins. Le produit intérieur brut des Bahamas était supérieur à celui des Îles Turks-et-Caïcos (17,7 millions de dollars); mais inférieur à celui des États-Unis (1,7 billions de dollars) et de Cuba (12,1 milliards de dollars). Le produit intérieur brut par habitant aux Bahamas était supérieur à celui des Îles Turks-et-Caïcos (2 643,0 de dollars) et de Cuba (1 292,9 de dollars); mais inférieur à celui des États-Unis (7 838,7 de dollars). La croissance du produit intérieur brut aux Bahamas était inférieure à celle des Îles Turks-et-Caïcos (10,7%), de Cuba (5,4%) et des États-Unis (3,5%).

Comparaison avec les leaders. Le produit intérieur brut des Bahamas était inférieur à celui des États-Unis (1,7 billions de dollars), de l'URSS (649,4 milliards de dollars), du Japon (558,0 milliards de dollars), de l'Allemagne (484,2 milliards de dollars) et de la France (333,2 milliards de dollars). Le produit intérieur brut par habitant aux Bahamas était supérieur à celui du Japon (5 011,3 de dollars) et de l'URSS (2 574,9 de dollars); mais inférieur à celui des États-Unis (7 838,7 de dollars), de la France (6 214,9 de dollars) et de l'Allemagne (6 148,9 de dollars). La croissance du PIB aux Bahamas était inférieure à celle de l'URSS (4,8%), du Japon (4,6%), de la France (3,9%), des États-Unis (3,5%) et de l'Allemagne (3,1%).

Les années 1980

Le PIB des Bahamas était de 3,2 milliards de dollars par an dans les années 1980, au 105ème rang mondial à égalité avec Chypre (3,2 milliards de dollars), Madagascar (3,2 milliards de dollars), l'Afghanistan (3,3 milliards de dollars). La part dans le monde était de 0,021% et de 0,060% dans les Amériques.

Le PIB des Bahamas était constitué des dépenses ménagères (45,6%), de la formation de capital (20,8%) et des dépenses publiques (13,1%).

Le PIB par habitant aux Bahamas était de 13986.9 dollars dans les années 1980, se classant au 19ème rang mondial, à égalité avec l'Australie (13 928,5 de dollars), l'Andorre (13 919,7 de dollars). Le produit intérieur brut par habitant aux Bahamas était 4,5 fois supérieur le produit intérieur brut par habitant au Monde (3 123,4 US$), et 71,2% supérieur le produit intérieur brut par habitant dans les Amériques (8 168,9 US$).

La croissance du produit intérieur brut aux Bahamas était de 3.9% dans les années 1980, au 58ème rang mondial, à égalité avec Cuba (3,9%), le Bénin (3,9%), le Maroc (3,9%). La croissance du PIB aux Bahamas (3,9%) a été supérieure à celle du monde (3,0%), et supérieure à celle des Amériques (2,8%).

Comparaison avec les voisins. Le produit intérieur brut des Bahamas était supérieur à celui des Îles Turks-et-Caïcos (58,3 millions de dollars); mais inférieur à celui des États-Unis (4,2 billions de dollars) et de Cuba (23,4 milliards de dollars). Le produit intérieur brut par habitant aux Bahamas était supérieur à celui des Îles Turks-et-Caïcos (6 000,7 de dollars) et de Cuba (2 314,0 de dollars); mais inférieur à celui des États-Unis (17 427,1 de dollars). La croissance du produit intérieur brut aux Bahamas était supérieure à celle de Cuba (3,9%) et des États-Unis (3,1%); mais inférieure à celle des Îles Turks-et-Caïcos (10,7%).

Comparaison avec les leaders. Le produit intérieur brut des Bahamas était inférieur à celui des États-Unis (4,2 billions de dollars), du Japon (1,8 billions de dollars), de l'Allemagne (990,0 milliards de dollars), de l'URSS (887,0 milliards de dollars) et de la France (729,5 milliards de dollars). Le produit intérieur brut par habitant aux Bahamas était supérieur à celui de la France (12 907,5 de dollars), de l'Allemagne (12 688,8 de dollars) et de l'URSS (3 222,9 de dollars); mais inférieur à celui des États-Unis (17 427,1 de dollars) et du Japon (14 970,9 de dollars). La croissance du produit intérieur brut aux Bahamas était supérieure à celle des États-Unis (3,1%), de la France (2,3%) et de l'Allemagne (1,9%); mais inférieure à celle de l'URSS (4,3%) et du Japon (4,3%).

Chapitre I. Produit intérieur brut

Les années 1990

Le produit intérieur brut des Bahamas était de 5,6 milliards de dollars par an dans les années 1990, au 111ème rang mondial à égalité avec Trinité-et-Tobago (5,5 milliards de dollars), le Gabon (5,7 milliards de dollars). La part dans le monde était de 0,019% et de 0,055% dans les Amériques.

Le PIB des Bahamas était constitué des dépenses ménagères (60,5%), de la formation de capital (25,3%) et des dépenses publiques (9,8%).

Le PIB par habitant aux Bahamas était de 20090 dollars dans les années 1990, au 30ème rang mondial, à égalité avec l'Australasie (19 910,7 de dollars). Le PIB par habitant aux Bahamas était 4,0 fois supérieur le produit intérieur brut par habitant au Monde (5 020,1 US$), et 54,7% supérieur le PIB par habitant dans les Amériques (12 984,7 US$).

La croissance du produit intérieur brut aux Bahamas était de 2% dans les années 1990, au 139ème rang mondial, à égalité avec les Bermudes (2,0%). La croissance du PIB aux Bahamas (2,0%) a été inférieure à celle du monde (2,8%), et inférieure à celle des Amériques (3,1%).

Comparaison avec les voisins. Le produit intérieur brut des Bahamas était supérieur à celui des Îles Turks-et-Caïcos (188,3 millions de dollars); mais inférieur à celui des États-Unis (7,6 billions de dollars) et de Cuba (26,1 milliards de dollars). Le produit intérieur brut par habitant aux Bahamas était supérieur à celui des Îles Turks-et-Caïcos (12 031,5 de dollars) et de Cuba (2 401,8 de dollars); mais inférieur à celui des États-Unis (28 654,0 de dollars). La croissance du produit intérieur brut aux Bahamas était supérieure à celle de Cuba (-2,3%); mais inférieure à celle des Îles Turks-et-Caïcos (9,9%) et des États-Unis (3,2%).

Comparaison avec les leaders. Le produit intérieur brut des Bahamas était inférieur à celui des États-Unis (7,6 billions de dollars), du Japon (4,3 billions de dollars), de l'Allemagne (2,2 billions de dollars), de la France (1,4 billions de dollars) et du Royaume-Uni (1,3 billions de dollars). Le produit intérieur brut par habitant aux Bahamas était inférieur à celui du Japon (34 325,0 de dollars), des États-Unis (28 654,0 de dollars), de l'Allemagne (27 003,8 de dollars), de la France (24 100,9 de dollars) et du Royaume-Uni (22 920,4 de dollars). La croissance du PIB aux Bahamas était supérieure à celle du Japon (1,5%); mais inférieure à celle des États-Unis (3,2%), du Royaume-Uni (2,3%), de l'Allemagne (2,2%) et de la France (2,0%).

Les années 2000

Le PIB des Bahamas était de 9,4 milliards de dollars par an dans les années 2000, se situant au 115ème rang mondial. La part dans le monde était de 0,020% et de 0,056% dans les Amériques.

Le PIB des Bahamas était constitué des dépenses ménagères (59,5%), de la formation de capital (27,9%) et des dépenses publiques (10,3%).

Le PIB par habitant aux Bahamas était de 29232.6 dollars dans les années 2000, se classant au 32ème rang mondial. Le PIB par habitant aux Bahamas était 4,1 fois supérieur le produit intérieur brut par habitant au Monde (7 176,3 US$), et 53,7% supérieur le produit intérieur brut par habitant dans les Amériques (19 020,5 US$).

La croissance du produit intérieur brut aux Bahamas était de 1% dans les années 2000, au 189ème rang mondial, à égalité avec le Danemark (0,95%). La croissance du produit intérieur brut aux Bahamas (0,96%) a été inférieure à celle du monde (3,0%), et inférieure à celle des Amériques (2,1%).

Comparaison avec les voisins. Le PIB des Bahamas était supérieur à celui des Îles Turks-et-Caïcos (558,0 millions de dollars); mais inférieur à celui des États-Unis (12,6 billions de dollars) et de Cuba (44,7 milliards de dollars). Le PIB par habitant aux Bahamas était supérieur à celui des Îles Turks-et-Caïcos (20 839,1 de dollars) et de Cuba (3 982,0 de dollars); mais inférieur à celui des États-Unis (42 841,2 de dollars). La croissance du produit intérieur brut aux Bahamas était inférieure à celle de Cuba (5,6%), des Îles Turks-et-Caïcos (5,6%) et des États-Unis (1,9%).

Comparaison avec les leaders. Le PIB des Bahamas était inférieur à celui des États-Unis (12,6 billions de dollars), du Japon (4,7 billions de dollars), de l'Allemagne (2,8 billions de dollars), de la Chine (2,6 billions de dollars) et du Royaume-Uni (2,3 billions de dollars). Le PIB par habitant aux Bahamas était supérieur à celui de la Chine (1 954,1 de dollars); mais inférieur à celui des États-Unis (42 841,2 de dollars), du Royaume-Uni (38 399,3 de dollars), du Japon (36 386,2 de dollars) et de l'Allemagne (33 966,8 de dollars). La croissance du produit intérieur brut aux Bahamas était supérieure à celle de l'Allemagne (0,73%) et du Japon (0,50%); mais inférieure à celle de la Chine (10,3%), des États-Unis (1,9%) et du Royaume-Uni (1,7%).

Les années 2010

Le PIB des Bahamas était de 11,5 milliards de dollars par an dans les années 2010, se situant au 138ème rang mondial à égalité avec la Mongolie (11,6 milliards de dollars), Malte (11,3 milliards de dollars), le Nicaragua (11,7 milliards de dollars). La part dans le monde était de 0,015% et de 0,045% dans les Amériques.

Le produit intérieur brut des Bahamas était constitué des dépenses ménagères (62,8%), de la formation de capital (27,8%) et des dépenses publiques (12,7%).

Le produit intérieur brut par habitant aux Bahamas était de 30953.2 dollars dans les années 2010, au 38ème rang mondial, à égalité avec Porto Rico (30 576,4 de dollars). Le produit intérieur brut par habitant aux Bahamas était 2,9 fois supérieur le produit intérieur brut par habitant au Monde (10 603,1 US$), et 18,5% supérieur le produit intérieur brut par habitant dans les Amériques (26 129,9 US$).

La croissance du produit intérieur brut aux Bahamas était de 1.3% dans les années 2010, se situant au 173ème rang mondial. La croissance du produit intérieur brut aux Bahamas (1,3%) a été inférieure à celle du monde (3,1%), et inférieure à celle des Amériques (2,2%).

Comparaison avec les voisins. Le PIB des Bahamas était 12,8 fois supérieur à celui des Îles Turks-et-Caïcos (902,1 millions de dollars); mais 1 557,8 fois inférieur à celui des États-Unis (18,0 billions de dollars) et 7,3 fois inférieur à celui de Cuba (84,6 milliards de dollars). Le PIB par habitant aux Bahamas était 22,1% supérieur à celui des Îles Turks-et-Caïcos (25 360,9 de dollars) et 4,1 fois supérieur à celui de Cuba (7 484,5 de dollars); mais 44,9% inférieur à celui des États-Unis (56 220,1 de dollars). La croissance du produit intérieur brut aux Bahamas était inférieure à celle des Îles Turks-et-Caïcos (3,9%), des États-Unis (2,3%) et de Cuba (2,3%).

Comparaison avec les leaders. Le produit intérieur brut des Bahamas était 1 557,8 fois inférieur à celui des États-Unis (18,0 billions de dollars), 911,2 fois inférieur à celui de la Chine (10,5 billions de dollars), 453,5 fois inférieur à celui du Japon (5,2 billions de dollars), 317,6 fois inférieur à celui de l'Allemagne (3,7 billions de dollars) et 240,0 fois inférieur à celui du Royaume-Uni (2,8 billions de dollars). Le produit intérieur brut par habitant aux Bahamas était 4,1 fois supérieur à celui de la Chine (7 491,3 de dollars); mais 44,9% inférieur à celui des États-Unis (56 220,1 de dollars), 30,8% inférieur à celui de l'Allemagne (44 732,1 de dollars), 26,6% inférieur à celui du Royaume-Uni (42 176,3 de dollars) et 24,3% inférieur à celui du Japon (40 869,8 de dollars). La croissance du PIB aux Bahamas était inférieure à celle de la Chine (7,7%), des États-Unis (2,3%), de l'Allemagne (1,9%), du Royaume-Uni (1,8%) et du Japon (1,3%).

Chapitre II. Valeur ajoutée

La valeur ajoutée des Bahamas est passé de 1,0 milliards de dollars par an dans les années 1970 à 10,4 milliards de dollars par an dans les années 2010, c'est-à-dire 9,4 milliards de dollars ou de 10,1 fois. La variation a été de 7,6 milliards de dollars en raison de l'augmentation de 3,7 fois des prix, et de 742,3 millions de dollars en raison de la croissance de productivité de 1,4 fois, et de 1,0 milliards de dollars en raison de la croissance démographique. La croissance annuelle moyenne de la valeur ajoutée était de 2,1%. La valeur minimale était de 680,8 millions de dollars en 1970. La valeur maximale était de 11,5 milliards de dollars en 2019.

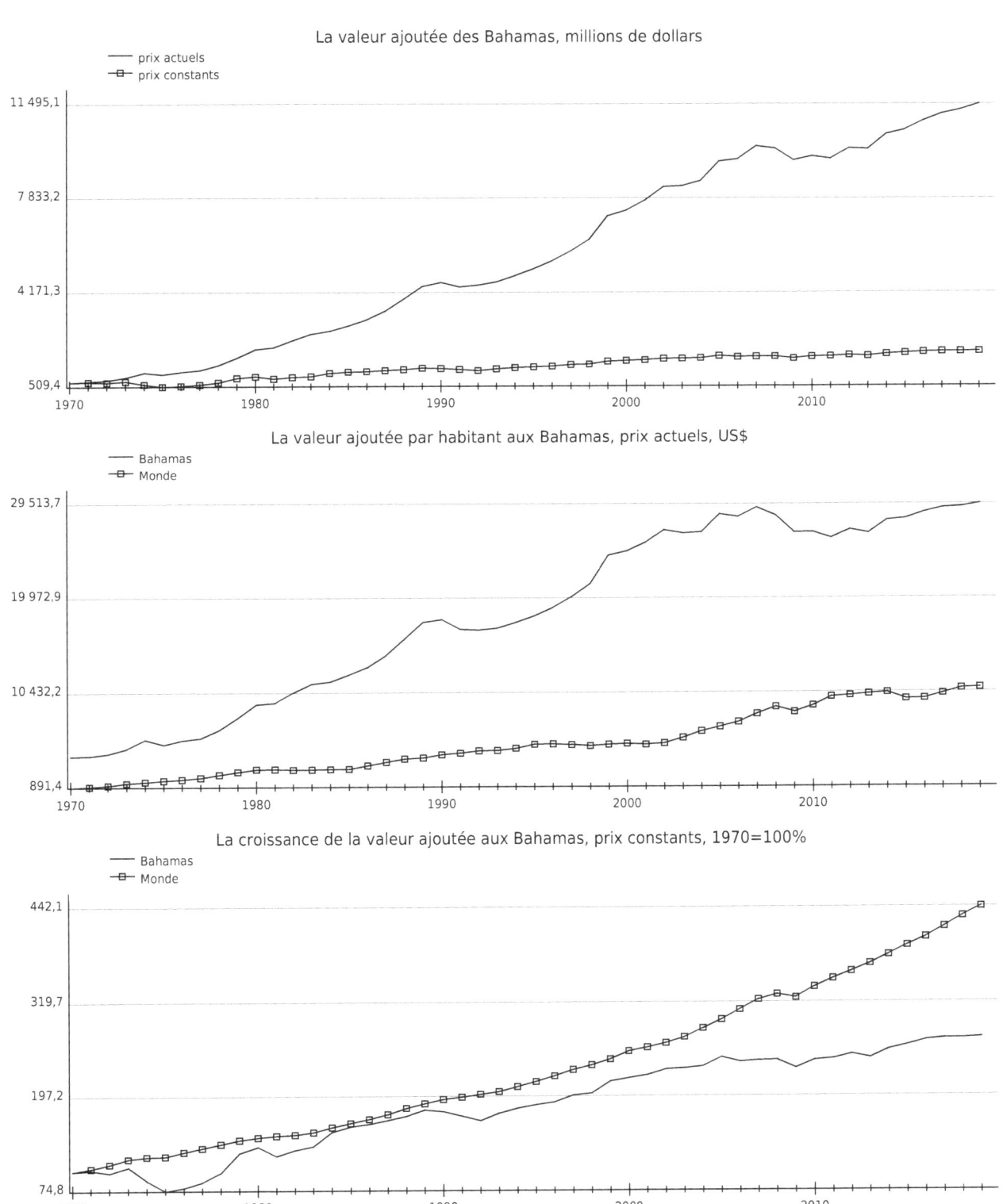

Les années 1970

La valeur ajoutée des Bahamas était de 1,0 milliards de dollars par an dans les années 1970, se classant au 113ème rang mondial à égalité avec le Yémen (1,0 milliards de dollars). La part dans le monde était de 0,016% et de 0,046% dans les Amériques.

La valeur ajoutée totale des Bahamas était constituée de: services (47,3%), commerce (30,1%), industrie (7,3%), construction (6,6%), transport (6,5%), agriculture (2,2%).

La valeur ajoutée par habitant aux Bahamas était de 5466.8 dollars dans les années 1970, se situant au 25ème rang mondial, à égalité avec la Nouvelle-Calédonie (5 442,8 de dollars), la France (5 544,4 de dollars). La valeur ajoutée par habitant aux Bahamas était 3,5 fois supérieure la valeur ajoutée par habitant au Monde (1 564,4 US$), et 37,2% supérieure la valeur ajoutée par habitant dans les Amériques (3 985,3 US$).

La croissance de la valeur ajoutée aux Bahamas était de 2.4% dans les années 1970, se classant au 147ème rang mondial, à égalité avec le Danemark (2,4%), l'Inde (2,4%). La croissance de la valeur ajoutée aux Bahamas (2,4%) a été inférieure à celle du monde (3,9%), et inférieure à celle des Amériques (3,5%).

Comparaison avec les voisins. La valeur ajoutée des Bahamas était supérieure à celle des Îles Turks-et-Caïcos (18,6 millions de dollars); mais inférieure à celle des États-Unis (1,7 billions de dollars) et de Cuba (13,2 milliards de dollars). La valeur ajoutée par habitant aux Bahamas était supérieure à celle des Îles Turks-et-Caïcos (2 777,7 de dollars) et de Cuba (1 417,2 de dollars); mais inférieure à celle des États-Unis (7 767,9 de dollars). La croissance de la valeur ajoutée aux Bahamas était inférieure à celle des Îles Turks-et-Caïcos (10,7%), de Cuba (5,4%) et des États-Unis (2,9%).

Comparaison avec les leaders. La valeur ajoutée des Bahamas était inférieure à celle des États-Unis (1,7 billions de dollars), de l'URSS (649,4 milliards de dollars), du Japon (545,3 milliards de dollars), de l'Allemagne (444,9 milliards de dollars) et de la France (297,3 milliards de dollars). La valeur ajoutée par habitant aux Bahamas était supérieure à celle du Japon (4 897,5 de dollars) et de l'URSS (2 574,9 de dollars); mais inférieure à celle des États-Unis (7 767,9 de dollars), de l'Allemagne (5 650,3 de dollars) et de la France (5 544,4 de dollars). La croissance de la valeur ajoutée aux Bahamas était inférieure à celle du Japon (4,9%), de l'URSS (4,8%), de la France (3,7%), de l'Allemagne (3,1%) et des États-Unis (2,9%).

Les années 1980

La valeur ajoutée des Bahamas était de 2,9 milliards de dollars par an dans les années 1980, se situant au 109ème rang mondial. La part dans le monde était de 0,020% et de 0,054% dans les Amériques.

La valeur ajoutée totale des Bahamas était constituée de: services (47,6%), commerce (30,4%), industrie (7,0%), transport (6,6%), construction (6,4%), agriculture (2,0%).

La valeur ajoutée par habitant aux Bahamas était de 12614.2 dollars dans les années 1980, se classant au 21ème rang mondial, à égalité avec la Finlande (12 753,2 de dollars), l'Australasie (12 350,9 de dollars). La valeur ajoutée par habitant aux Bahamas était 4,2 fois supérieure la valeur ajoutée par habitant au Monde (3 029,9 US$), et 54,6% supérieure la valeur ajoutée par habitant dans les Amériques (8 159,2 US$).

La croissance de la valeur ajoutée aux Bahamas était de 3.8% dans les années 1980, au 57ème rang mondial. La croissance de la valeur ajoutée aux Bahamas (3,8%) a été supérieure à celle du monde (2,9%), et supérieure à celle des Amériques (2,7%).

Comparaison avec les voisins. La valeur ajoutée des Bahamas était supérieure à celle des Îles Turks-et-Caïcos (61,3 millions de dollars); mais inférieure à celle des États-Unis (4,2 billions de dollars) et de Cuba (25,7 milliards de dollars). La valeur ajoutée par habitant aux Bahamas était supérieure à celle des Îles Turks-et-Caïcos (6 307,3 de dollars) et de Cuba (2 540,0 de dollars); mais inférieure à celle des États-Unis (17 439,9 de dollars). La croissance de la valeur ajoutée aux Bahamas était supérieure à celle des États-Unis (2,8%); mais inférieure à celle des Îles Turks-et-Caïcos (10,7%) et de Cuba (3,9%).

Comparaison avec les leaders. La valeur ajoutée des Bahamas était inférieure à celle des États-Unis (4,2 billions de dollars), du Japon (1,8 billions de dollars), de l'Allemagne (907,0 milliards de dollars), de l'URSS (887,0 milliards de dollars) et de la France (650,9 milliards de dollars). La valeur ajoutée par habitant aux Bahamas était supérieure à celle de l'Allemagne (11 624,4 de dollars), de la France (11 516,2 de dollars) et de l'URSS (3 222,9 de dollars); mais inférieure à celle des États-Unis (17 439,9 de dollars) et du Japon (14 839,7 de dollars). La croissance de la valeur ajoutée aux Bahamas était supérieure à celle des États-Unis (2,8%), de la France (2,2%) et de l'Allemagne (2,0%); mais inférieure à celle de l'URSS (4,3%) et du Japon (4,2%).

Chapitre II. Valeur ajoutée

Les années 1990

La valeur ajoutée des Bahamas était de 5,2 milliards de dollars par an dans les années 1990, au 111ème rang mondial à égalité avec le Gabon (5,3 milliards de dollars). La part dans le monde était de 0,019% et de 0,053% dans les Amériques.

La valeur ajoutée totale des Bahamas était constituée de: services (52,7%), commerce (26,9%), industrie (7,1%), transport (6,3%), construction (5,4%), agriculture (1,7%).

La valeur ajoutée par habitant aux Bahamas était de 18932.9 dollars dans les années 1990, au 30ème rang mondial, à égalité avec l'Australie (19 218,8 de dollars), l'Italie (19 309,0 de dollars). La valeur ajoutée par habitant aux Bahamas était 3,9 fois supérieure la valeur ajoutée par habitant au Monde (4 799,9 US$), et 48,2% supérieure la valeur ajoutée par habitant dans les Amériques (12 777,9 US$).

La croissance de la valeur ajoutée aux Bahamas était de 1.9% dans les années 1990, se classant au 139ème rang mondial, à égalité avec l'Algérie (1,9%). La croissance de la valeur ajoutée aux Bahamas (1,9%) a été inférieure à celle du monde (2,7%), et inférieure à celle des Amériques (2,8%).

Comparaison avec les voisins. La valeur ajoutée des Bahamas était supérieure à celle des Îles Turks-et-Caïcos (196,7 millions de dollars); mais inférieure à celle des États-Unis (7,6 billions de dollars) et de Cuba (26,9 milliards de dollars). La valeur ajoutée par habitant aux Bahamas était supérieure à celle des Îles Turks-et-Caïcos (12 571,5 de dollars) et de Cuba (2 474,1 de dollars); mais inférieure à celle des États-Unis (28 605,8 de dollars). La croissance de la valeur ajoutée aux Bahamas était supérieure à celle de Cuba (-2,5%); mais inférieure à celle des Îles Turks-et-Caïcos (9,3%) et des États-Unis (2,8%).

Comparaison avec les leaders. La valeur ajoutée des Bahamas était inférieure à celle des États-Unis (7,6 billions de dollars), du Japon (4,3 billions de dollars), de l'Allemagne (2,0 billions de dollars), de la France (1,3 billions de dollars) et du Royaume-Uni (1,2 billions de dollars). La valeur ajoutée par habitant aux Bahamas était inférieure à celle du Japon (34 190,7 de dollars), des États-Unis (28 605,8 de dollars), de l'Allemagne (24 519,7 de dollars), de la France (21 588,1 de dollars) et du Royaume-Uni (21 414,8 de dollars). La croissance de la valeur ajoutée aux Bahamas était supérieure à celle de la France (1,8%) et du Japon (1,8%); mais inférieure à celle des États-Unis (2,8%), du Royaume-Uni (2,4%) et de l'Allemagne (2,1%).

Les années 2000

La valeur ajoutée des Bahamas était de 8,8 milliards de dollars par an dans les années 2000, au 115ème rang mondial à égalité avec la Zambie (8,6 milliards de dollars), le Gabon (8,6 milliards de dollars). La part dans le monde était de 0,020% et de 0,054% dans les Amériques.

La valeur ajoutée totale des Bahamas était constituée de: services (53,2%), commerce (26,6%), transport (7,6%), industrie (5,9%), construction (5,4%), agriculture (1,3%).

La valeur ajoutée par habitant aux Bahamas était de 27160.8 dollars dans les années 2000, se situant au 33ème rang mondial, à égalité avec l'Italie (27 282,9 de dollars), Hong Kong (26 531,7 de dollars). La valeur ajoutée par habitant aux Bahamas était 4,0 fois supérieure la valeur ajoutée par habitant au Monde (6 818,0 US$), et 45,8% supérieure la valeur ajoutée par habitant dans les Amériques (18 623,4 US$).

La croissance de la valeur ajoutée aux Bahamas était de 0.7% dans les années 2000, au 193ème rang mondial. La croissance de la valeur ajoutée aux Bahamas (0,73%) a été inférieure à celle du monde (2,9%), et inférieure à celle des Amériques (1,9%).

Comparaison avec les voisins. La valeur ajoutée des Bahamas était supérieure à celle des Îles Turks-et-Caïcos (529,2 millions de dollars); mais inférieure à celle des États-Unis (12,6 billions de dollars) et de Cuba (44,2 milliards de dollars). La valeur ajoutée par habitant aux Bahamas était supérieure à celle des Îles Turks-et-Caïcos (19 763,5 de dollars) et de Cuba (3 936,0 de dollars); mais inférieure à celle des États-Unis (42 840,8 de dollars). La croissance de la valeur ajoutée aux Bahamas était inférieure à celle de Cuba (5,6%), des Îles Turks-et-Caïcos (5,5%) et des États-Unis (1,7%).

Comparaison avec les leaders. La valeur ajoutée des Bahamas était inférieure à celle des États-Unis (12,6 billions de dollars), du Japon (4,7 billions de dollars), de la Chine (2,6 billions de dollars), de l'Allemagne (2,5 billions de dollars) et du Royaume-Uni (2,1 billions de dollars). La valeur ajoutée par habitant aux Bahamas était supérieure à celle de la Chine (1 954,1 de dollars); mais inférieure à celle des États-Unis (42 840,8 de dollars), du Japon (36 383,0 de dollars), du Royaume-Uni (34 611,1 de dollars) et de l'Allemagne (30 717,6 de dollars). La croissance de la valeur ajoutée aux Bahamas était supérieure à celle de l'Allemagne (0,65%) et du Japon

(0,27%); mais inférieure à celle de la Chine (10,2%), des États-Unis (1,7%) et du Royaume-Uni (1,7%).

Les années 2010

La valeur ajoutée des Bahamas était de 10,4 milliards de dollars par an dans les années 2010, au 138ème rang mondial à égalité avec la Mongolie (10,4 milliards de dollars), l'Arménie (10,3 milliards de dollars), le Nicaragua (10,6 milliards de dollars). La part dans le monde était de 0,014% et de 0,042% dans les Amériques.

La valeur ajoutée totale des Bahamas était constituée de: services (53,1%), commerce (23,0%), transport (8,9%), construction (7,8%), industrie (6,3%), agriculture (0,96%).

La valeur ajoutée par habitant aux Bahamas était de 27865 dollars dans les années 2010, se situant au 39ème rang mondial. La valeur ajoutée par habitant aux Bahamas était 2,8 fois supérieure la valeur ajoutée par habitant au Monde (10 094,6 US$), et 9,7% supérieure la valeur ajoutée par habitant dans les Amériques (25 411,8 US$).

La croissance de la valeur ajoutée aux Bahamas était de 1.6% dans les années 2010, se classant au 162ème rang mondial, à égalité avec l'Autriche (1,6%), la Belgique (1,6%). La croissance de la valeur ajoutée aux Bahamas (1,6%) a été inférieure à celle du monde (3,1%), et inférieure à celle des Amériques (2,1%).

Comparaison avec les voisins. La valeur ajoutée des Bahamas était 12,8 fois supérieure à celle des Îles Turks-et-Caïcos (808,0 millions de dollars); mais 1 730,5 fois inférieure à celle des États-Unis (18,0 billions de dollars) et 8,1 fois inférieure à celle de Cuba (83,6 milliards de dollars). La valeur ajoutée par habitant aux Bahamas était 22,7% supérieure à celle des Îles Turks-et-Caïcos (22 713,9 de dollars) et 3,8 fois supérieure à celle de Cuba (7 403,7 de dollars); mais 2,0 fois inférieure à celle des États-Unis (56 220,3 de dollars). La croissance de la valeur ajoutée aux Bahamas était inférieure à celle des Îles Turks-et-Caïcos (2,8%), de Cuba (2,3%) et des États-Unis (2,2%).

Comparaison avec les leaders. La valeur ajoutée des Bahamas était 1 730,5 fois inférieure à celle des États-Unis (18,0 billions de dollars), 1 012,2 fois inférieure à celle de la Chine (10,5 billions de dollars), 501,1 fois inférieure à celle du Japon (5,2 billions de dollars), 318,2 fois inférieure à celle de l'Allemagne (3,3 billions de dollars) et 238,0 fois inférieure à celle du Royaume-Uni (2,5 billions de dollars). La valeur ajoutée par habitant aux Bahamas était 3,7 fois supérieure à celle de la Chine (7 491,3 de dollars); mais 2,0 fois inférieure à celle des États-Unis (56 220,3 de dollars), 31,5% inférieure à celle du Japon (40 660,3 de dollars), 30,9% inférieure à celle de l'Allemagne (40 346,4 de dollars) et 26,0% inférieure à celle du Royaume-Uni (37 659,6 de dollars). La croissance de la valeur ajoutée aux Bahamas était supérieure à celle du Japon (1,3%); mais inférieure à celle de la Chine (7,7%), des États-Unis (2,2%), de l'Allemagne (1,9%) et du Royaume-Uni (1,8%).

Chapitre III. Revenu national brut

Le revenu national brut des Bahamas est passé de 1,1 milliards de dollars par an dans les années 1970 à 11,0 milliards de dollars par an dans les années 2010, c'est-à-dire 9,9 milliards de dollars ou de 10,1 fois. La variation a été de 8,0 milliards de dollars en raison de l'augmentation de 3,7 fois des prix, et de 836,8 millions de dollars en raison de la croissance de productivité de 1,4 fois, et de 1,1 milliards de dollars en raison de la croissance démographique. La croissance annuelle moyenne du RNB était de 2,1%. La valeur minimale était de 667,2 millions de dollars en 1970. La valeur maximale était de 12,2 milliards de dollars en 2019.

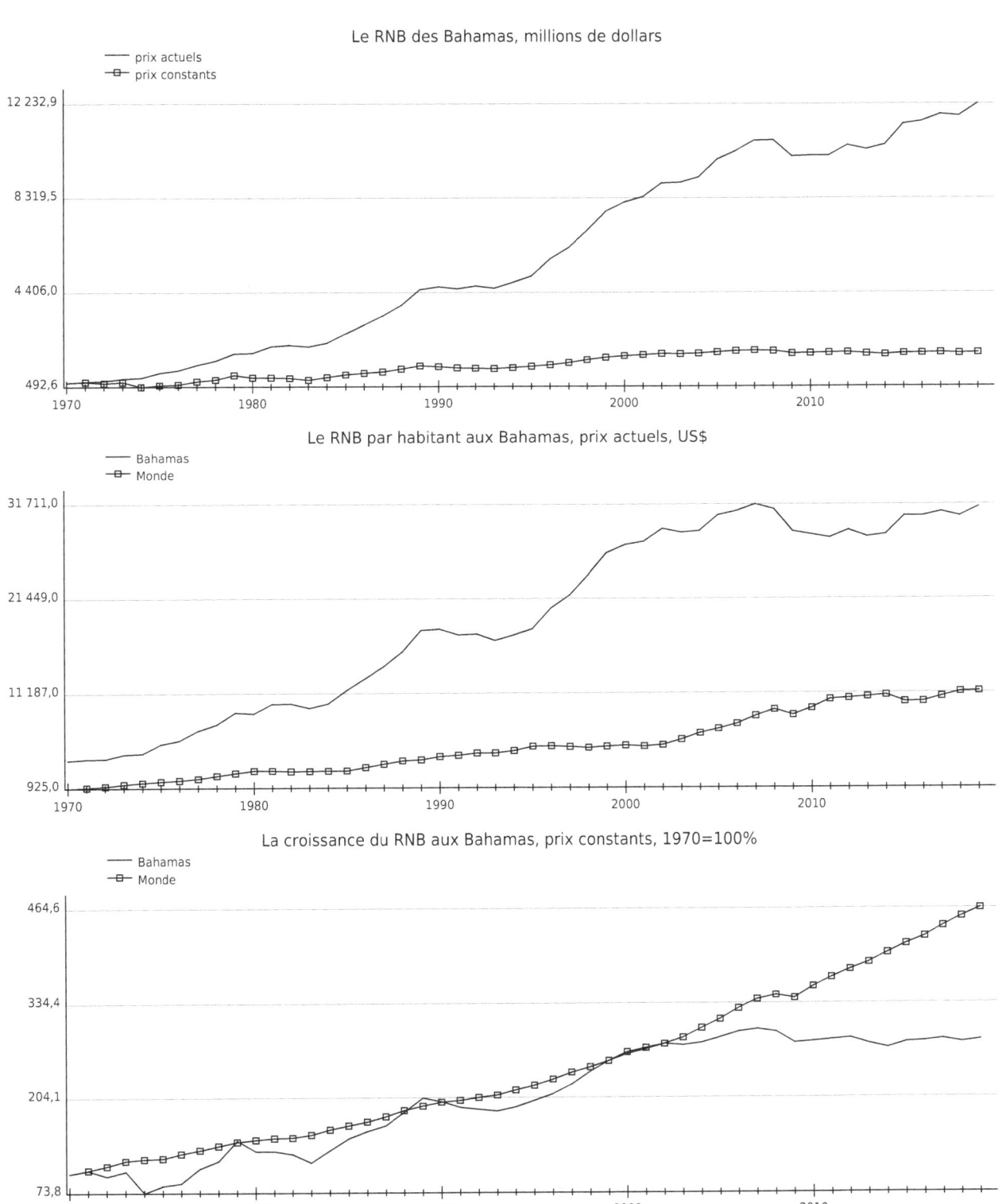

Les années 1970

Le revenu national brut des Bahamas était de 1,1 milliards de dollars par an dans les années 1970, se situant au 112ème rang mondial à égalité avec Chypre (1,1 milliards de dollars), le Malawi (1,1 milliards de dollars). La part dans le monde était de 0,017% et de 0,048% dans les Amériques.

Le RNB par habitant aux Bahamas était de 5818.3 dollars dans les années 1970, se situant au 26ème rang mondial, à égalité avec Bahreïn (5 875,1 de dollars). Le revenu national brut par habitant aux Bahamas était 3,6 fois supérieur le RNB par habitant au Monde (1 624,3 US$), et 44,7% supérieur le revenu national brut par habitant dans les Amériques (4 019,9 US$).

La croissance du RNB aux Bahamas était de 4.2% dans les années 1970, au 97ème rang mondial. La croissance du revenu national brut aux Bahamas (4,2%) a été supérieure à celle du monde (4,1%), et supérieure à celle des Amériques (4,0%).

Comparaison avec les voisins. Le RNB des Bahamas était supérieur à celui des Îles Turks-et-Caïcos (16,6 millions de dollars); mais inférieur à celui des États-Unis (1,7 billions de dollars) et de Cuba (11,8 milliards de dollars). Le revenu national brut par habitant aux Bahamas était supérieur à celui des Îles Turks-et-Caïcos (2 480,5 de dollars) et de Cuba (1 268,2 de dollars); mais inférieur à celui des États-Unis (7 837,2 de dollars). La croissance du revenu national brut aux Bahamas était supérieure à celle des États-Unis (3,5%); mais inférieure à celle des Îles Turks-et-Caïcos (10,4%) et de Cuba (5,4%).

Comparaison avec les leaders. Le RNB des Bahamas était inférieur à celui des États-Unis (1,7 billions de dollars), de l'URSS (649,4 milliards de dollars), du Japon (558,5 milliards de dollars), de l'Allemagne (486,2 milliards de dollars) et de la France (334,3 milliards de dollars). Le revenu national brut par habitant aux Bahamas était supérieur à celui du Japon (5 015,3 de dollars) et de l'URSS (2 574,9 de dollars); mais inférieur à celui des États-Unis (7 837,2 de dollars), de la France (6 235,1 de dollars) et de l'Allemagne (6 174,4 de dollars). La croissance du revenu national brut aux Bahamas était supérieure à celle de la France (3,9%), des États-Unis (3,5%) et de l'Allemagne (3,0%); mais inférieure à celle de l'URSS (4,8%) et du Japon (4,7%).

Les années 1980

Le revenu national brut des Bahamas était de 2,8 milliards de dollars par an dans les années 1980, se situant au 107ème rang mondial. La part dans le monde était de 0,019% et de 0,053% dans les Amériques.

Le RNB par habitant aux Bahamas était de 12233.1 dollars dans les années 1980, se classant au 25ème rang mondial, à égalité avec l'Autriche (12 124,9 de dollars). Le revenu national brut par habitant aux Bahamas était 3,9 fois supérieur le revenu national brut par habitant au Monde (3 117,1 US$), et 51,7% supérieur le revenu national brut par habitant dans les Amériques (8 063,2 US$).

La croissance du revenu national brut aux Bahamas était de 3.4% dans les années 1980, se classant au 70ème rang mondial, à égalité avec le Portugal (3,4%), le Groenland (3,4%). La croissance du revenu national brut aux Bahamas (3,4%) a été supérieure à celle du monde (3,0%), et supérieure à celle des Amériques (2,8%).

Comparaison avec les voisins. Le revenu national brut des Bahamas était supérieur à celui des Îles Turks-et-Caïcos (57,8 millions de dollars); mais inférieur à celui des États-Unis (4,2 billions de dollars) et de Cuba (23,0 milliards de dollars). Le RNB par habitant aux Bahamas était supérieur à celui des Îles Turks-et-Caïcos (5 946,1 de dollars) et de Cuba (2 270,9 de dollars); mais inférieur à celui des États-Unis (17 362,5 de dollars). La croissance du RNB aux Bahamas était supérieure à celle des États-Unis (3,1%); mais inférieure à celle des Îles Turks-et-Caïcos (12,0%) et de Cuba (3,9%).

Comparaison avec les leaders. Le RNB des Bahamas était inférieur à celui des États-Unis (4,2 billions de dollars), du Japon (1,8 billions de dollars), de l'Allemagne (996,5 milliards de dollars), de l'URSS (887,0 milliards de dollars) et de la France (732,1 milliards de dollars). Le RNB par habitant aux Bahamas était supérieur à celui de l'URSS (3 222,9 de dollars); mais inférieur à celui des États-Unis (17 362,5 de dollars), du Japon (15 042,8 de dollars), de la France (12 952,6 de dollars) et de l'Allemagne (12 771,0 de dollars). La croissance du revenu national brut aux Bahamas était supérieure à celle des États-Unis (3,1%), de la France (2,3%) et de l'Allemagne (2,0%); mais inférieure à celle du Japon (4,4%) et de l'URSS (4,3%).

Les années 1990

Le revenu national brut des Bahamas était de 5,5 milliards de dollars par an dans les années 1990, se situant au 110ème rang mondial. La part dans le monde était de 0,019% et de 0,056% dans les Amériques.

Le RNB par habitant aux Bahamas était de 19942.4 dollars dans les années 1990, au 29ème rang mondial, à égalité avec le Groenland (20 076,3 de dollars), l'Australie (20 198,3 de dollars), les Îles Vierges britanniques (19 661,4 de dollars). Le revenu national brut par

Chapitre III. Revenu national brut

habitant aux Bahamas était 4,0 fois supérieur le RNB par habitant au Monde (4 991,4 US$), et 55,9% supérieur le revenu national brut par habitant dans les Amériques (12 792,4 US$).

La croissance du RNB aux Bahamas était de 2.3% dans les années 1990, au 124ème rang mondial. La croissance du RNB aux Bahamas (2,3%) a été inférieure à celle du monde (2,8%), et inférieure à celle des Amériques (3,2%).

Comparaison avec les voisins. Le revenu national brut des Bahamas était supérieur à celui des Îles Turks-et-Caïcos (204,2 millions de dollars); mais inférieur à celui des États-Unis (7,5 billions de dollars) et de Cuba (25,6 milliards de dollars). Le revenu national brut par habitant aux Bahamas était supérieur à celui des Îles Turks-et-Caïcos (13 050,4 de dollars) et de Cuba (2 357,7 de dollars); mais inférieur à celui des États-Unis (28 503,5 de dollars). La croissance du revenu national brut aux Bahamas était supérieure à celle de Cuba (-2,3%); mais inférieure à celle des Îles Turks-et-Caïcos (10,5%) et des États-Unis (3,4%).

Comparaison avec les leaders. Le revenu national brut des Bahamas était inférieur à celui des États-Unis (7,5 billions de dollars), du Japon (4,4 billions de dollars), de l'Allemagne (2,2 billions de dollars), de la France (1,4 billions de dollars) et du Royaume-Uni (1,3 billions de dollars). Le revenu national brut par habitant aux Bahamas était inférieur à celui du Japon (34 665,3 de dollars), des États-Unis (28 503,5 de dollars), de l'Allemagne (27 004,0 de dollars), de la France (24 286,5 de dollars) et du Royaume-Uni (23 037,3 de dollars). La croissance du revenu national brut aux Bahamas était supérieure à celle de la France (2,2%), du Royaume-Uni (2,0%), de l'Allemagne (2,0%) et du Japon (1,5%); mais inférieure à celle des États-Unis (3,4%).

Les années 2000

Le RNB des Bahamas était de 9,5 milliards de dollars par an dans les années 2000, se situant au 115ème rang mondial à égalité avec le Honduras (9,8 milliards de dollars). La part dans le monde était de 0,020% et de 0,057% dans les Amériques.

Le revenu national brut par habitant aux Bahamas était de 29517.3 dollars dans les années 2000, se classant au 32ème rang mondial, à égalité avec Singapour (29 661,0 de dollars), l'Italie (30 230,3 de dollars). Le revenu national brut par habitant aux Bahamas était 4,1 fois supérieur le RNB par habitant au Monde (7 165,2 US$), et 55,6% supérieur le revenu national brut par habitant dans les Amériques (18 970,5 US$).

La croissance du revenu national brut aux Bahamas était de 0.9% dans les années 2000, au 189ème rang mondial. La croissance du RNB aux Bahamas (0,93%) a été inférieure à celle du monde (3,0%), et inférieure à celle des Amériques (2,1%).

Comparaison avec les voisins. Le RNB des Bahamas était supérieur à celui des Îles Turks-et-Caïcos (610,6 millions de dollars); mais inférieur à celui des États-Unis (12,7 billions de dollars) et de Cuba (43,9 milliards de dollars). Le revenu national brut par habitant aux Bahamas était supérieur à celui des Îles Turks-et-Caïcos (22 802,2 de dollars) et de Cuba (3 912,9 de dollars); mais inférieur à celui des États-Unis (43 177,4 de dollars). La croissance du RNB aux Bahamas était inférieure à celle des Îles Turks-et-Caïcos (5,6%), de Cuba (5,5%) et des États-Unis (1,8%).

Comparaison avec les leaders. Le revenu national brut des Bahamas était inférieur à celui des États-Unis (12,7 billions de dollars), du Japon (4,8 billions de dollars), de l'Allemagne (2,8 billions de dollars), de la Chine (2,6 billions de dollars) et du Royaume-Uni (2,3 billions de dollars). Le revenu national brut par habitant aux Bahamas était supérieur à celui de la Chine (1 950,5 de dollars); mais inférieur à celui des États-Unis (43 177,4 de dollars), du Royaume-Uni (38 514,5 de dollars), du Japon (37 144,2 de dollars) et de l'Allemagne (34 189,0 de dollars). La croissance du RNB aux Bahamas était supérieure à celle du Japon (0,62%); mais inférieure à celle de la Chine (10,4%), des États-Unis (1,8%), du Royaume-Uni (1,7%) et de l'Allemagne (1,0%).

Les années 2010

Le revenu national brut des Bahamas était de 11,0 milliards de dollars par an dans les années 2010, se situant au 140ème rang mondial à égalité avec le Soudan du Sud (11,1 milliards de dollars), le Bénin (11,1 milliards de dollars). La part dans le monde était de 0,014% et de 0,043% dans les Amériques.

Le RNB par habitant aux Bahamas était de 29579.5 dollars dans les années 2010, au 38ème rang mondial. Le revenu national brut par habitant aux Bahamas était 2,8 fois supérieur le RNB par habitant au Monde (10 611,7 US$), et 12,6% supérieur le revenu national brut par habitant dans les Amériques (26 262,7 US$).

La croissance du RNB aux Bahamas était de 0.1% dans les années 2010, se classant au 192ème rang mondial. La croissance du RNB aux Bahamas (0,13%) a été inférieure à celle du monde (3,1%), et inférieure à celle des Amériques (2,3%).

Comparaison avec les voisins. Le revenu national brut des Bahamas était 11,2 fois supérieur à celui des Îles Turks-et-Caïcos (987,1 millions de dollars); mais 1 661,5 fois inférieur à celui des États-Unis (18,3 billions de dollars) et 7,6 fois inférieur à celui de Cuba (83,4 milliards de dollars). Le RNB par habitant aux Bahamas était 6,6% supérieur à celui des Îles Turks-et-Caïcos (27 749,9 de dollars) et 4,0 fois supérieur à celui de Cuba (7 377,6 de dollars); mais 48,4% inférieur à celui des États-Unis (57 299,9 de dollars). La croissance du revenu national brut aux Bahamas était inférieure à celle des Îles Turks-et-Caïcos (3,9%), des États-Unis (2,5%) et de Cuba (2,4%).

Comparaison avec les leaders. Le RNB des Bahamas était 1 661,5 fois inférieur à celui des États-Unis (18,3 billions de dollars), 950,0 fois inférieur à celui de la Chine (10,5 billions de dollars), 490,0 fois inférieur à celui du Japon (5,4 billions de dollars), 340,3 fois inférieur à celui de l'Allemagne (3,7 billions de dollars) et 249,2 fois inférieur à celui de la France (2,7 billions de dollars). Le RNB par habitant aux Bahamas était 4,0 fois supérieur à celui de la Chine (7 463,8 de dollars); mais 48,4% inférieur à celui des États-Unis (57 299,9 de dollars), 35,4% inférieur à celui de l'Allemagne (45 801,3 de dollars), 29,9% inférieur à celui du Japon (42 204,7 de dollars) et 28,6% inférieur à celui de la France (41 404,4 de dollars). La croissance du RNB aux Bahamas était inférieure à celle de la Chine (7,7%), des États-Unis (2,5%), de l'Allemagne (2,0%), du Japon (1,4%) et de la France (1,4%).

Partie II. Structure

Chapitre IV. Agriculture

Agriculture, chasse, sylviculture et pêche (ISIC A-B)

La valeur ajoutée de l'agriculture aux Bahamas est passé de 23,0 millions de dollars par an dans les années 1970 à 99,3 millions de dollars par an dans les années 2010, c'est-à-dire 76,3 millions de dollars ou de 4,3 fois. La variation a été de 63,8 millions de dollars en raison de l'augmentation de 2,8 fois des prix, et de -10,3 millions de dollars en raison de la baisse de productivité de 1,3 fois, et de 22,7 millions de dollars en raison de la croissance démographique. La croissance annuelle moyenne de l'agriculture était de 0,16%. La valeur minimale était de 15,3 millions de dollars en 1970. La valeur maximale était de 134,4 millions de dollars en 2002.

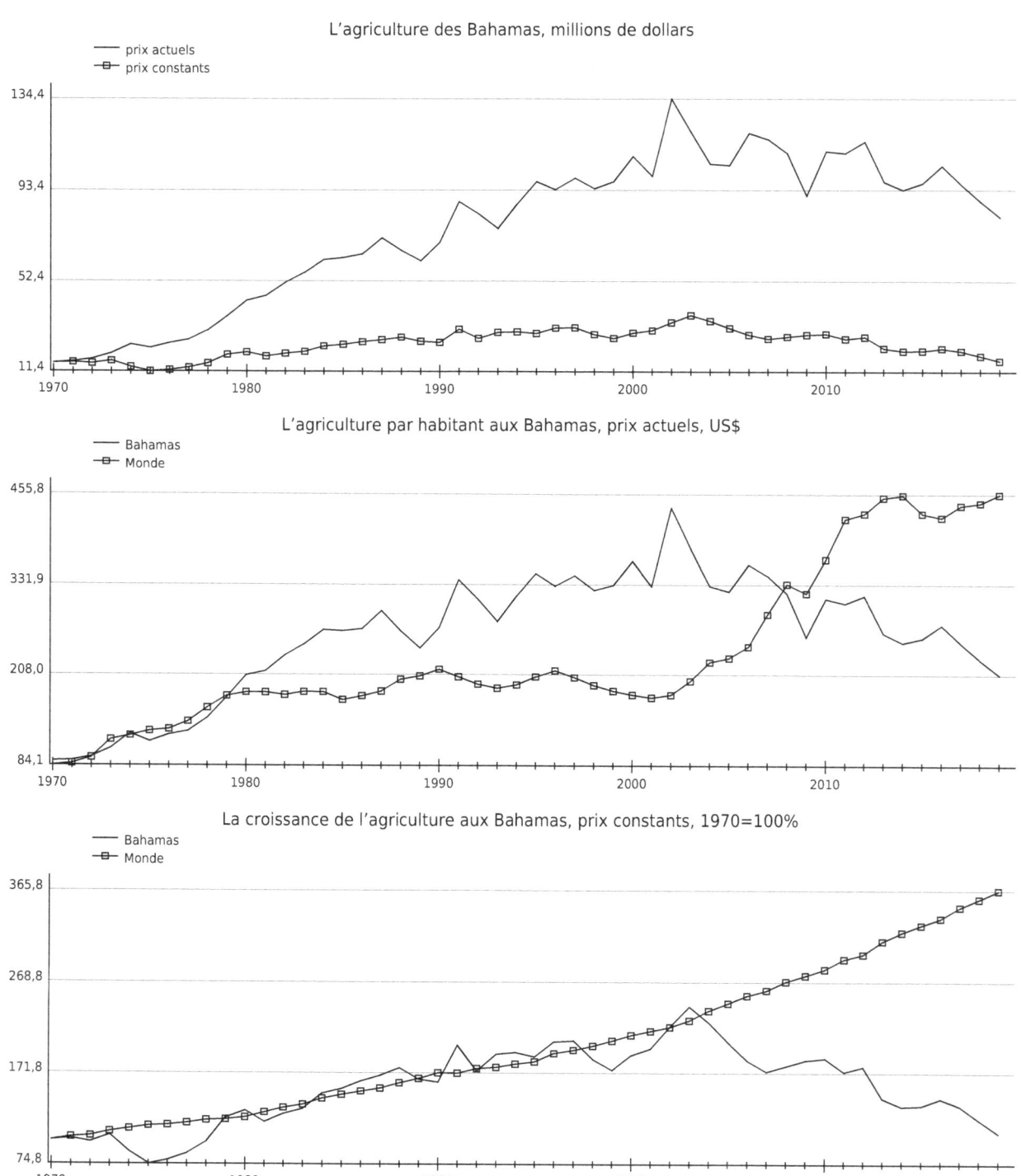

Chapitre IV. Agriculture

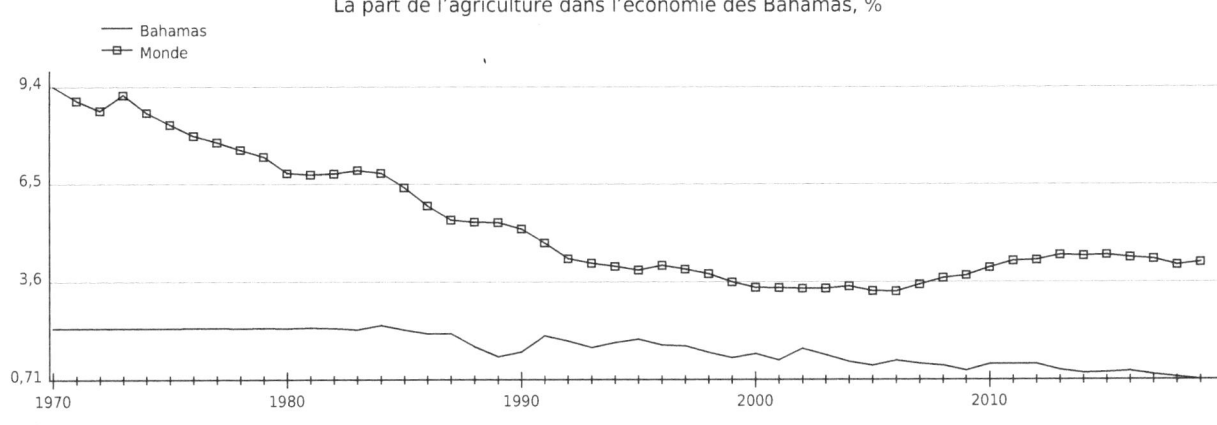

Les années 1970

La valeur de l'agriculture aux Bahamas était de 23,0 millions de dollars par an dans les années 1970, au 146ème rang mondial à égalité avec la Micronésie (23,4 millions de dollars). La part dans le monde était de 0,0045% et de 0,026% dans les Amériques.

La part de l'agriculture dans l'économie des Bahamas était de 2,2% dans les années 1970, se classant au 166ème rang mondial.

L'agriculture par habitant aux Bahamas était de 122.6 dollars dans les années 1970, au 78ème rang mondial, à égalité avec le Suriname (122,5 de dollars), la République dominicaine (122,3 de dollars), la Barbade (123,3 de dollars). L'agriculture par habitant aux Bahamas était 4,0% inférieure l'agriculture par habitant au Monde (127,6 US$), et 22,5% inférieure l'agriculture par habitant dans les Amériques (158,1 US$).

La croissance de l'agriculture aux Bahamas était de 2.4% dans les années 1970, se classant au 103ème rang mondial, à égalité avec l'Algérie (2,4%), l'Océanie (2,4%). La croissance de l'agriculture aux Bahamas (2,4%) a été supérieure à celle du monde (2,2%), et supérieure à celle des Amériques (1,9%).

Comparaison avec les voisins. La valeur ajoutée de l'agriculture aux Bahamas était supérieure à celle des Îles Turks-et-Caïcos (243 261,3 de dollars); mais inférieure à celle des États-Unis (42,6 milliards de dollars) et de Cuba (1,3 milliards de dollars). L'agriculture par habitant aux Bahamas était supérieure à celle des Îles Turks-et-Caïcos (36,3 de dollars); mais inférieure à celle des États-Unis (195,0 de dollars) et de Cuba (144,7 de dollars). La croissance de l'agriculture aux Bahamas était supérieure à celle des États-Unis (0,34%); mais inférieure à celle des Îles Turks-et-Caïcos (10,7%) et de Cuba (5,4%).

Comparaison avec les leaders. Le secteur de l'agriculture aux Bahamas était inférieur à celui de l'URSS (88,7 milliards de dollars), de la Chine (49,5 milliards de dollars), des États-Unis (42,6 milliards de dollars), de l'Inde (36,0 milliards de dollars) et du Japon (25,8 milliards de dollars). L'agriculture par habitant aux Bahamas était supérieure à celle de l'Inde (58,3 de dollars) et de la Chine (54,2 de dollars); mais inférieure à celle de l'URSS (351,8 de dollars), du Japon (231,3 de dollars) et des États-Unis (195,0 de dollars). La croissance de l'agriculture aux Bahamas était supérieure à celle du Japon (0,52%), des États-Unis (0,34%) et de l'Inde (0,30%); mais inférieure à celle de l'URSS (7,0%) et de la Chine (2,4%).

Les années 1980

L'agriculture des Bahamas était de 58,7 millions de dollars par an dans les années 1980, se classant au 144ème rang mondial. La part dans le monde était de 0,0065% et de 0,037% dans les Amériques.

La part de l'agriculture dans l'économie des Bahamas était de 2,0% dans les années 1980, se situant au 164ème rang mondial.

L'agriculture par habitant aux Bahamas était de 253.1 dollars dans les années 1980, se situant au 62ème rang mondial, à égalité avec le Costa Rica (252,9 de dollars), le Paraguay (254,2 de dollars), la Côte d'Ivoire (256,0 de dollars). L'agriculture par habitant aux Bahamas était 35,6% supérieure l'agriculture par habitant au Monde (186,6 US$), et 6,5% supérieure l'agriculture par habitant dans les Amériques (237,6 US$).

La croissance de l'agriculture aux Bahamas était de 2.9% dans les années 1980, au 71ème rang mondial, à égalité avec Micronésie (2,9%). La croissance de l'agriculture aux Bahamas (2,9%) a été inférieure à celle du monde (3,1%), et supérieure à celle des Amériques (2,6%).

Comparaison avec les voisins. Le secteur de l'agriculture aux Bahamas était supérieur à celui des Îles Turks-et-Caïcos (801 017,7 de dollars); mais inférieur à celui des États-Unis (68,7 milliards de dollars) et de Cuba (2,7 milliards de dollars). L'agriculture par habitant aux Bahamas était supérieure à celle des Îles Turks-et-Caïcos (82,5 de dollars); mais inférieure à celle des États-Unis (286,8 de dollars) et de Cuba (262,5 de dollars). La croissance de l'agriculture aux Bahamas était inférieure à celle des Îles Turks-et-Caïcos (10,7%), de Cuba (4,1%) et des États-Unis (3,7%).

Comparaison avec les leaders. L'agriculture des Bahamas était inférieure à celle de l'URSS (125,8 milliards de dollars), de la Chine (94,9 milliards de dollars), de l'Inde (70,4 milliards de dollars), des États-Unis (68,7 milliards de dollars) et du Japon (49,7 milliards de dollars). L'agriculture par habitant aux Bahamas était supérieure à celle de l'Inde (90,7 de dollars) et de la Chine (88,5 de dollars); mais inférieure à celle de l'URSS (457,2 de dollars), du Japon (410,0 de dollars) et des États-Unis (286,8 de dollars). La croissance de l'agriculture aux Bahamas était supérieure à celle de l'URSS (2,8%) et du Japon (0,41%); mais inférieure à celle de la Chine (5,3%), de l'Inde (4,4%) et des États-Unis (3,7%).

Les années 1990

L'agriculture des Bahamas était de 88,6 millions de dollars par an dans les années 1990, se situant au 167ème rang mondial à égalité avec Malte (88,2 millions de dollars), le Belize (89,1 millions de dollars), la Micronésie (86,8 millions de dollars). La part dans le monde était de 0,0078% et de 0,040% dans les Amériques.

La part de l'agriculture dans l'économie des Bahamas était de 1,7% dans les années 1990, se classant au 184ème rang mondial, à égalité avec la Belgique (1,7%).

L'agriculture par habitant aux Bahamas était de 320.2 dollars dans les années 1990, se situant au 54ème rang mondial, à égalité avec la Nouvelle-Calédonie (319,9 de dollars), d'Anguilla (322,5 de dollars), d'Israël (324,7 de dollars). L'agriculture par habitant aux Bahamas était 60,2% supérieure l'agriculture par habitant au Monde (199,8 US$), et 10,8% supérieure l'agriculture par habitant dans les Amériques (288,9 US$).

La croissance de l'agriculture aux Bahamas était de 0.6% dans les années 1990, au 134ème rang mondial, à égalité avec la Mauritanie (0,59%). La croissance de l'agriculture aux Bahamas (0,59%) a été inférieure à celle du monde (2,2%), et inférieure à celle des Amériques (2,4%).

Comparaison avec les voisins. Le secteur de l'agriculture aux Bahamas était supérieur à celui des Îles Turks-et-Caïcos (2,5 millions de dollars); mais inférieur à celui des États-Unis (96,1 milliards de dollars) et de Cuba (2,2 milliards de dollars). L'agriculture par habitant aux Bahamas était supérieure à celle de Cuba (200,3 de dollars) et des Îles Turks-et-Caïcos (160,7 de dollars); mais inférieure à celle des États-Unis (363,4 de dollars). La croissance de l'agriculture aux Bahamas était supérieure à celle de Cuba (-5,8%); mais inférieure à celle des Îles Turks-et-Caïcos (7,1%) et des États-Unis (2,6%).

Comparaison avec les leaders. La valeur de l'agriculture aux Bahamas était inférieure à celle de la Chine (139,0 milliards de dollars), des États-Unis (96,1 milliards de dollars), de l'Inde (91,4 milliards de dollars), du Japon (78,9 milliards de dollars) et du Brésil (36,8 milliards de dollars). L'agriculture par habitant aux Bahamas était supérieure à celle du Brésil (228,7 de dollars), de la Chine (112,7 de dollars) et de l'Inde (95,6 de dollars); mais inférieure à celle du Japon (625,5 de dollars) et des États-Unis (363,4 de dollars). La croissance de l'agriculture aux Bahamas était supérieure à celle du Japon (-1,8%); mais inférieure à celle de la Chine (4,3%), du Brésil (3,0%), de l'Inde (2,8%) et des États-Unis (2,6%).

Les années 2000

La valeur de l'agriculture aux Bahamas était de 110,8 millions de dollars par an dans les années 2000, au 169ème rang mondial. La part dans le monde était de 0,0071% et de 0,038% dans les Amériques.

La part de l'agriculture dans l'économie des Bahamas était de 1,3% dans les années 2000, se classant au 181ème rang mondial.

L'agriculture par habitant aux Bahamas était de 343.3 dollars dans les années 2000, se classant au 55ème rang mondial, à égalité avec l'Estonie (342,9 de dollars), le Monténégro (341,6 de dollars), le Nigeria (346,4 de dollars). L'agriculture par habitant aux Bahamas était 42,8% supérieure l'agriculture par habitant au Monde (240,3 US$), et 4,8% supérieure l'agriculture par habitant dans les Amériques (327,5 US$).

La croissance de l'agriculture aux Bahamas était de 0.6% dans les années 2000, au 148ème rang mondial, à égalité avec l'Espagne (0,58%). La croissance de l'agriculture aux Bahamas (0,58%) a été inférieure à celle du monde (3,0%), et inférieure à celle des

Chapitre IV. Agriculture

Amériques (2,7%).

Comparaison avec les voisins. Le secteur de l'agriculture aux Bahamas était supérieur à celui des Îles Turks-et-Caïcos (5,5 millions de dollars); mais inférieur à celui des États-Unis (122,5 milliards de dollars) et de Cuba (2,1 milliards de dollars). L'agriculture par habitant aux Bahamas était supérieure à celle des Îles Turks-et-Caïcos (206,6 de dollars) et de Cuba (186,2 de dollars); mais inférieure à celle des États-Unis (416,9 de dollars). La croissance de l'agriculture aux Bahamas était inférieure à celle des États-Unis (3,6%), des Îles Turks-et-Caïcos (2,5%) et de Cuba (0,81%).

Comparaison avec les leaders. L'agriculture des Bahamas était inférieure à celle de la Chine (297,7 milliards de dollars), de l'Inde (147,6 milliards de dollars), des États-Unis (122,5 milliards de dollars), du Japon (57,1 milliards de dollars) et du Nigeria (47,6 milliards de dollars). L'agriculture par habitant aux Bahamas était supérieure à celle de la Chine (224,5 de dollars) et de l'Inde (129,7 de dollars); mais inférieure à celle du Japon (445,6 de dollars), des États-Unis (416,9 de dollars) et du Nigeria (346,4 de dollars). La croissance de l'agriculture aux Bahamas était supérieure à celle du Japon (-1,3%); mais inférieure à celle du Nigeria (10,1%), de la Chine (4,0%), des États-Unis (3,6%) et de l'Inde (2,0%).

Les années 2010

L'agriculture des Bahamas était de 99,3 millions de dollars par an dans les années 2010, se situant au 177ème rang mondial à égalité avec Singapour (101,6 millions de dollars), Bahreïn (96,9 millions de dollars). La part dans le monde était de 0,0031% et de 0,020% dans les Amériques.

La part de l'agriculture dans l'économie des Bahamas était de 0,96% dans les années 2010, se situant au 185ème rang mondial.

L'agriculture par habitant aux Bahamas était de 266.5 dollars dans les années 2010, au 142ème rang mondial, à égalité avec le Royaume-Uni (266,4 de dollars), les Caraïbes (263,5 de dollars), le Bénin (270,7 de dollars). L'agriculture par habitant aux Bahamas était 38,3% inférieure l'agriculture par habitant au Monde (432,1 US$), et 46,6% inférieure l'agriculture par habitant dans les Amériques (498,8 US$).

La croissance de l'agriculture aux Bahamas était de -5.3% dans les années 2010, au 204ème rang mondial. La croissance de l'agriculture aux Bahamas (-5,3%) a été inférieure à celle du monde (2,9%), et inférieure à celle des Amériques (2,2%).

Comparaison avec les voisins. L'agriculture des Bahamas était 22,6 fois supérieure à celle des Îles Turks-et-Caïcos (4,4 millions de dollars); mais 1 816,5 fois inférieure à celle des États-Unis (180,3 milliards de dollars) et 32,6 fois inférieure à celle de Cuba (3,2 milliards de dollars). L'agriculture par habitant aux Bahamas était 2,2 fois supérieure à celle des Îles Turks-et-Caïcos (123,7 de dollars); mais 2,1 fois inférieure à celle des États-Unis (564,3 de dollars) et 6,8% inférieure à celle de Cuba (286,0 de dollars). La croissance de l'agriculture aux Bahamas était inférieure à celle des États-Unis (2,0%), de Cuba (1,7%) et des Îles Turks-et-Caïcos (-4,5%).

Comparaison avec les leaders. Le secteur de l'agriculture aux Bahamas était 8 929,2 fois inférieur à celui de la Chine (886,2 milliards de dollars), 3 661,6 fois inférieur à celui de l'Inde (363,4 milliards de dollars), 1 816,5 fois inférieur à celui des États-Unis (180,3 milliards de dollars), 1 249,9 fois inférieur à celui de l'Indonésie (124,1 milliards de dollars) et 964,9 fois inférieur à celui du Nigeria (95,8 milliards de dollars). L'agriculture par habitant aux Bahamas était 2,4 fois inférieure à celle de la Chine (631,9 de dollars), 2,1 fois inférieure à celle des États-Unis (564,3 de dollars), 2,0 fois inférieure à celle du Nigeria (534,6 de dollars), 44,9% inférieure à celle de l'Indonésie (483,6 de dollars) et 4,5% inférieure à celle de l'Inde (279,1 de dollars). La croissance de l'agriculture aux Bahamas était inférieure à celle de l'Inde (4,1%), de l'Indonésie (3,9%), de la Chine (3,8%), du Nigeria (3,6%) et des États-Unis (2,0%).

Chapitre V. Industrie

Exploitation minière, fabrication, services publics (ISIC C-E)

L'industrie des Bahamas est passé de 74,6 millions de dollars par an dans les années 1970 à 653,3 millions de dollars par an dans les années 2010, c'est-à-dire 578,7 millions de dollars ou de 8,8 fois. La variation a été de 384,1 millions de dollars en raison de l'augmentation de 2,4 fois des prix, et de 120,8 millions de dollars en raison de la croissance de productivité de 1,8 fois, et de 73,7 millions de dollars en raison de la croissance démographique. La croissance annuelle moyenne de l'industrie était de 2,5%. La valeur minimale était de 49,6 millions de dollars en 1970. La valeur maximale était de 779,7 millions de dollars en 2018.

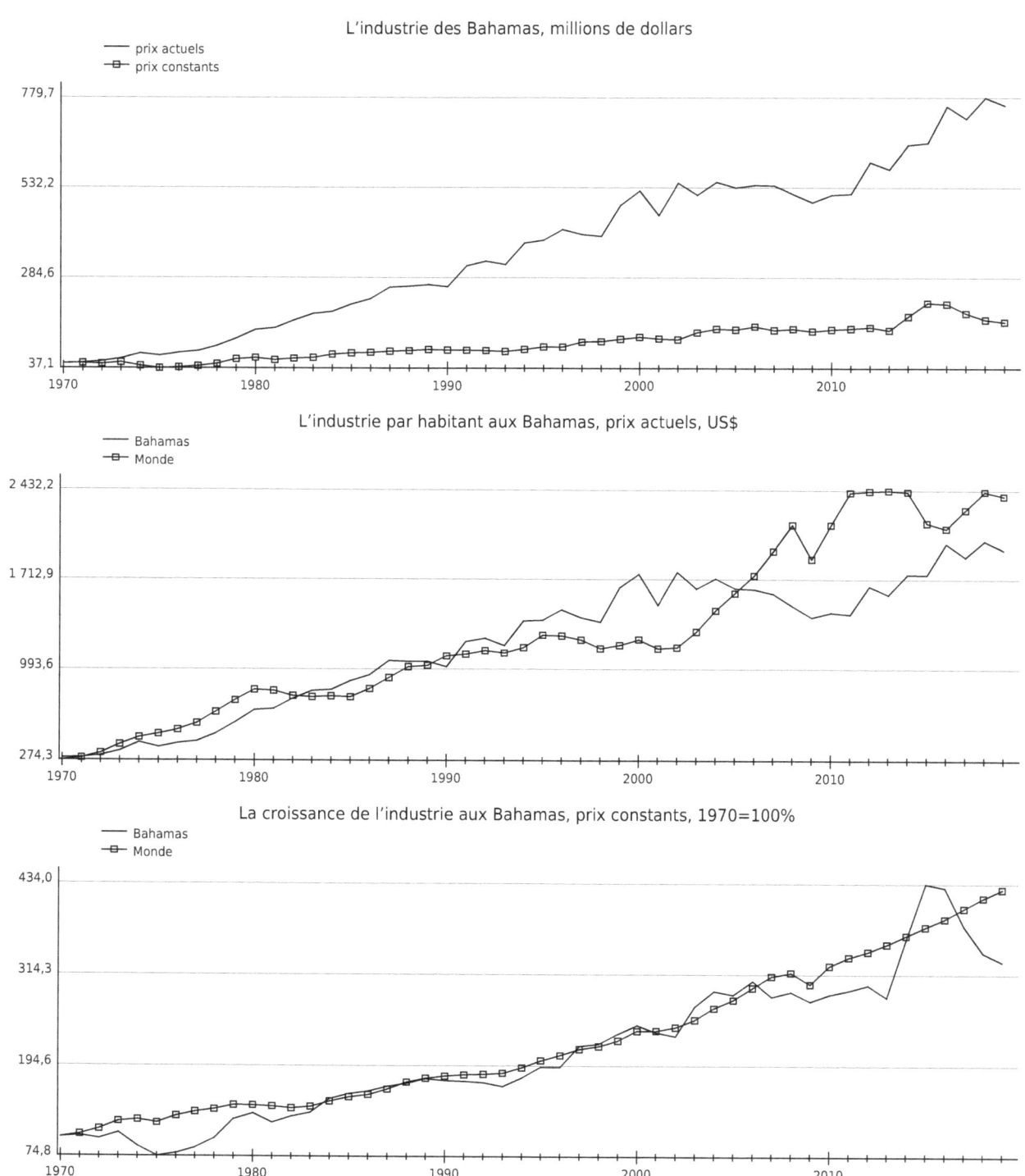

Chapitre V. Industrie

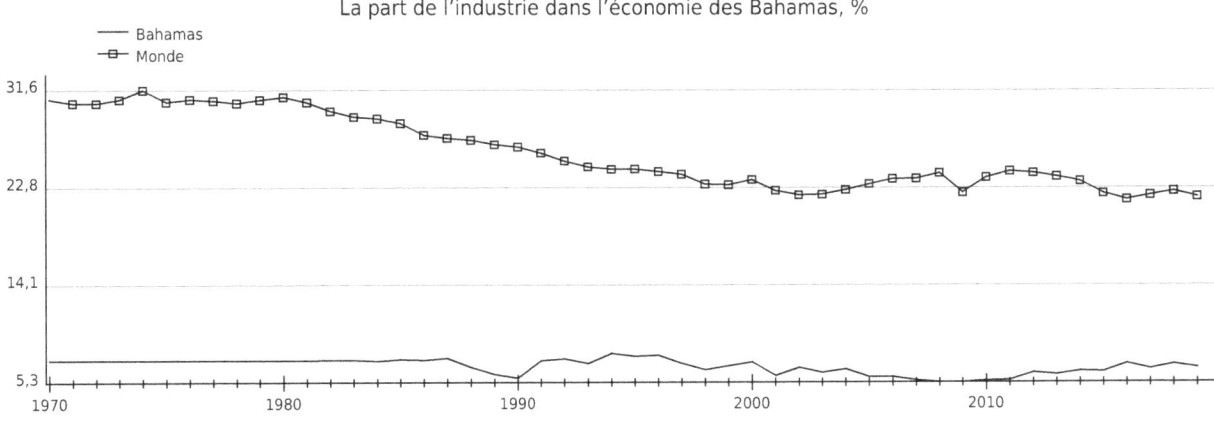

La part de l'industrie dans l'économie des Bahamas, %

Les années 1970

Le secteur de l'industrie aux Bahamas était de 74,6 millions de dollars par an dans les années 1970, se situant au 132ème rang mondial à égalité avec le Liechtenstein (74,1 millions de dollars), la Mongolie (75,3 millions de dollars), l'Eswatini (76,0 millions de dollars). La part dans le monde était de 0,0038% et de 0,012% dans les Amériques.

La part de l'industrie dans l'économie des Bahamas était de 7,3% dans les années 1970, au 161ème rang mondial.

L'industrie par habitant aux Bahamas était de 398.2 dollars dans les années 1970, se situant au 62ème rang mondial, à égalité avec Malte (395,9 de dollars), l'Irak (404,7 de dollars), le Nigeria (407,3 de dollars). L'industrie par habitant aux Bahamas était 17,1% inférieure l'industrie par habitant au Monde (480,5 US$), et 2,7 fois inférieure l'industrie par habitant dans les Amériques (1 091,1 US$).

La croissance de l'industrie aux Bahamas était de 2.4% dans les années 1970, au 141ème rang mondial, à égalité avec les États-Unis (2,4%), la Polynésie (2,4%). La croissance de l'industrie aux Bahamas (2,4%) a été inférieure à celle du monde (4,0%), et inférieure à celle des Amériques (3,2%).

Comparaison avec les voisins. Le secteur de l'industrie aux Bahamas était supérieur à celui des Îles Turks-et-Caïcos (1,7 millions de dollars); mais inférieur à celui des États-Unis (450,4 milliards de dollars) et de Cuba (1,8 milliards de dollars). L'industrie par habitant aux Bahamas était supérieure à celle des Îles Turks-et-Caïcos (249,9 de dollars) et de Cuba (192,5 de dollars); mais inférieure à celle des États-Unis (2 063,8 de dollars). La croissance de l'industrie aux Bahamas était supérieure à celle des États-Unis (2,4%); mais inférieure à celle des Îles Turks-et-Caïcos (10,7%) et de Cuba (5,4%).

Comparaison avec les leaders. Le secteur de l'industrie aux Bahamas était inférieur à celui des États-Unis (450,4 milliards de dollars), de l'URSS (248,8 milliards de dollars), du Japon (185,6 milliards de dollars), de l'Allemagne (158,4 milliards de dollars) et du Royaume-Uni (72,6 milliards de dollars). L'industrie par habitant aux Bahamas était inférieure à celle des États-Unis (2 063,8 de dollars), de l'Allemagne (2 011,9 de dollars), du Japon (1 666,5 de dollars), du Royaume-Uni (1 295,1 de dollars) et de l'URSS (986,6 de dollars). La croissance de l'industrie aux Bahamas était supérieure à celle des États-Unis (2,4%), de l'Allemagne (2,1%) et du Royaume-Uni (1,9%); mais inférieure à celle de l'URSS (5,2%) et du Japon (4,5%).

Les années 1980

Le secteur de l'industrie aux Bahamas était de 205,8 millions de dollars par an dans les années 1980, au 133ème rang mondial à égalité avec le Liechtenstein (208,1 millions de dollars), la Polynésie (201,9 millions de dollars). La part dans le monde était de 0,0049% et de 0,015% dans les Amériques.

La part de l'industrie dans l'économie des Bahamas était de 7,0% dans les années 1980, au 165ème rang mondial.

L'industrie par habitant aux Bahamas était de 888 dollars dans les années 1980, se classant au 57ème rang mondial, à égalité avec l'Amérique centrale (893,3 de dollars), Chypre (908,5 de dollars), la Barbade (909,0 de dollars). L'industrie par habitant aux Bahamas était 3,0% supérieure l'industrie par habitant au Monde (861,8 US$), et 2,3 fois inférieure l'industrie par habitant dans les Amériques (2 085,6 US$).

La croissance de l'industrie aux Bahamas était de 3.7% dans les années 1980, se situant au 70ème rang mondial, à égalité avec le Soudan (3,7%). La croissance de l'industrie aux Bahamas (3,7%) a été supérieure à celle du monde (2,3%), et supérieure à celle des Amériques (1,9%).

Comparaison avec les voisins. L'industrie des Bahamas était supérieure à celle des Îles Turks-et-Caïcos (5,5 millions de dollars); mais inférieure à celle des États-Unis (1,0 billions de dollars) et de Cuba (3,5 milliards de dollars). L'industrie par habitant aux Bahamas était supérieure à celle des Îles Turks-et-Caïcos (567,8 de dollars) et de Cuba (344,3 de dollars); mais inférieure à celle des États-Unis (4 176,6 de dollars). La croissance de l'industrie aux Bahamas était supérieure à celle des États-Unis (1,9%); mais inférieure à celle des Îles Turks-et-Caïcos (10,7%) et de Cuba (3,7%).

Comparaison avec les leaders. Le secteur de l'industrie aux Bahamas était inférieur à celui des États-Unis (1,0 billions de dollars), du Japon (566,4 milliards de dollars), de l'URSS (305,7 milliards de dollars), de l'Allemagne (297,5 milliards de dollars) et du Royaume-Uni (171,2 milliards de dollars). L'industrie par habitant aux Bahamas était inférieure à celle du Japon (4 670,2 de dollars), des États-Unis (4 176,6 de dollars), de l'Allemagne (3 812,7 de dollars), du Royaume-Uni (3 032,7 de dollars) et de l'URSS (1 110,8 de dollars). La croissance de l'industrie aux Bahamas était supérieure à celle des États-Unis (1,9%), du Royaume-Uni (1,4%) et de l'Allemagne (1,2%); mais inférieure à celle de l'URSS (5,3%) et du Japon (4,2%).

Les années 1990

La valeur ajoutée de l'industrie aux Bahamas était de 369,7 millions de dollars par an dans les années 1990, se situant au 148ème rang mondial à égalité avec la Mongolie (370,2 millions de dollars), Saint-Marin (372,4 millions de dollars). La part dans le monde était de 0,0055% et de 0,018% dans les Amériques.

La part de l'industrie dans l'économie des Bahamas était de 7,1% dans les années 1990, au 187ème rang mondial, à égalité avec le Soudan (7,0%).

L'industrie par habitant aux Bahamas était de 1336.5 dollars dans les années 1990, se classant au 55ème rang mondial, à égalité avec la Malaisie (1 348,3 de dollars). L'industrie par habitant aux Bahamas était 13,7% supérieure l'industrie par habitant au Monde (1 175,6 US$), et 2,0 fois inférieure l'industrie par habitant dans les Amériques (2 704,1 US$).

La croissance de l'industrie aux Bahamas était de 2.9% dans les années 1990, se classant au 94ème rang mondial. La croissance de l'industrie aux Bahamas (2,9%) a été supérieure à celle du monde (2,5%), et supérieure à celle des Amériques (2,8%).

Comparaison avec les voisins. La valeur de l'industrie aux Bahamas était supérieure à celle des Îles Turks-et-Caïcos (17,9 millions de dollars); mais inférieure à celle des États-Unis (1,5 billions de dollars) et de Cuba (4,8 milliards de dollars). L'industrie par habitant aux Bahamas était supérieure à celle des Îles Turks-et-Caïcos (1 144,6 de dollars) et de Cuba (444,8 de dollars); mais inférieure à celle des États-Unis (5 704,4 de dollars). La croissance de l'industrie aux Bahamas était supérieure à celle des États-Unis (2,8%) et de Cuba (-1,5%); mais inférieure à celle des Îles Turks-et-Caïcos (9,2%).

Comparaison avec les leaders. La valeur ajoutée de l'industrie aux Bahamas était inférieure à celle des États-Unis (1,5 billions de dollars), du Japon (1,2 billions de dollars), de l'Allemagne (534,0 milliards de dollars), de la Chine (285,9 milliards de dollars) et du Royaume-Uni (268,6 milliards de dollars). L'industrie par habitant aux Bahamas était supérieure à celle de la Chine (231,9 de dollars); mais inférieure à celle du Japon (9 400,9 de dollars), de l'Allemagne (6 621,6 de dollars), des États-Unis (5 704,4 de dollars) et du Royaume-Uni (4 639,8 de dollars). La croissance de l'industrie aux Bahamas était supérieure à celle des États-Unis (2,8%), du Japon (1,3%), du Royaume-Uni (1,2%) et de l'Allemagne (0,33%); mais inférieure à celle de la Chine (13,1%).

Les années 2000

Le secteur de l'industrie aux Bahamas était de 519,9 millions de dollars par an dans les années 2000, se situant au 155ème rang mondial. La part dans le monde était de 0,0051% et de 0,017% dans les Amériques.

La part de l'industrie dans l'économie des Bahamas était de 5,9% dans les années 2000, se situant au 194ème rang mondial.

L'industrie par habitant aux Bahamas était de 1611.3 dollars dans les années 2000, au 63ème rang mondial, à égalité avec la Lituanie (1 605,0 de dollars), les Caraïbes (1 620,3 de dollars), Saint-Martin (1 595,0 de dollars). L'industrie par habitant aux Bahamas était 2,4% supérieure l'industrie par habitant au Monde (1 573,8 US$), et 2,2 fois inférieure l'industrie par habitant dans les Amériques (3 499,5 US$).

La croissance de l'industrie aux Bahamas était de 1.7% dans les années 2000, se situant au 127ème rang mondial. La croissance de l'industrie aux Bahamas (1,7%) a été inférieure à celle du monde (2,9%), et supérieure à celle des Amériques (1,4%).

Comparaison avec les voisins. Le secteur de l'industrie aux Bahamas était supérieur à celui des Îles Turks-et-Caïcos (37,1 millions de dollars); mais inférieur à celui des États-Unis (2,1 billions de dollars) et de Cuba (7,7 milliards de dollars). L'industrie par habitant aux

Bahamas était supérieure à celle des Îles Turks-et-Caïcos (1 384,6 de dollars) et de Cuba (688,5 de dollars); mais inférieure à celle des États-Unis (7 144,5 de dollars). La croissance de l'industrie aux Bahamas était supérieure à celle des États-Unis (1,5%); mais inférieure à celle de Cuba (3,1%) et des Îles Turks-et-Caïcos (2,2%).

Comparaison avec les leaders. La valeur ajoutée de l'industrie aux Bahamas était inférieure à celle des États-Unis (2,1 billions de dollars), du Japon (1,1 billions de dollars), de la Chine (1,1 billions de dollars), de l'Allemagne (629,4 milliards de dollars) et du Royaume-Uni (345,1 milliards de dollars). L'industrie par habitant aux Bahamas était supérieure à celle de la Chine (795,3 de dollars); mais inférieure à celle du Japon (8 848,8 de dollars), de l'Allemagne (7 732,1 de dollars), des États-Unis (7 144,5 de dollars) et du Royaume-Uni (5 710,8 de dollars). La croissance de l'industrie aux Bahamas était supérieure à celle des États-Unis (1,5%), de l'Allemagne (0,19%), du Japon (0,15%) et du Royaume-Uni (-1,1%); mais inférieure à celle de la Chine (11,1%).

Les années 2010

La valeur ajoutée de l'industrie aux Bahamas était de 653,3 millions de dollars par an dans les années 2010, se classant au 158ème rang mondial. La part dans le monde était de 0,0038% et de 0,015% dans les Amériques.

La part de l'industrie dans l'économie des Bahamas était de 6,3% dans les années 2010, se classant au 193ème rang mondial.

L'industrie par habitant aux Bahamas était de 1753.9 dollars dans les années 2010, au 79ème rang mondial, à égalité avec la Biélorussie (1 734,9 de dollars). L'industrie par habitant aux Bahamas était 24,4% inférieure l'industrie par habitant au Monde (2 320,9 US$), et 2,5 fois inférieure l'industrie par habitant dans les Amériques (4 354,8 US$).

La croissance de l'industrie aux Bahamas était de 1.7% dans les années 2010, se situant au 141ème rang mondial. La croissance de l'industrie aux Bahamas (1,7%) a été inférieure à celle du monde (3,5%), et inférieure à celle des Amériques (1,8%).

Comparaison avec les voisins. Le secteur de l'industrie aux Bahamas était 14,0 fois supérieur à celui des Îles Turks-et-Caïcos (46,6 millions de dollars); mais 4 196,4 fois inférieur à celui des États-Unis (2,7 billions de dollars) et 21,5 fois inférieur à celui de Cuba (14,0 milliards de dollars). L'industrie par habitant aux Bahamas était 33,9% supérieure à celle des Îles Turks-et-Caïcos (1 310,1 de dollars) et 41,2% supérieure à celle de Cuba (1 241,8 de dollars); mais 4,9 fois inférieure à celle des États-Unis (8 581,2 de dollars). La croissance de l'industrie aux Bahamas était supérieure à celle de Cuba (0,45%) et des Îles Turks-et-Caïcos (-0,97%); mais inférieure à celle des États-Unis (2,2%).

Comparaison avec les leaders. La valeur ajoutée de l'industrie aux Bahamas était 5 637,6 fois inférieure à celle de la Chine (3,7 billions de dollars), 4 196,4 fois inférieure à celle des États-Unis (2,7 billions de dollars), 1 822,1 fois inférieure à celle du Japon (1,2 billions de dollars), 1 285,7 fois inférieure à celle de l'Allemagne (840,0 milliards de dollars) et 678,6 fois inférieure à celle de l'Inde (443,4 milliards de dollars). L'industrie par habitant aux Bahamas était 5,2 fois supérieure à celle de l'Inde (340,6 de dollars); mais 5,9 fois inférieure à celle de l'Allemagne (10 261,3 de dollars), 5,3 fois inférieure à celle du Japon (9 305,3 de dollars), 4,9 fois inférieure à celle des États-Unis (8 581,2 de dollars) et 33,2% inférieure à celle de la Chine (2 626,2 de dollars). La croissance de l'industrie aux Bahamas était inférieure à celle de la Chine (7,5%), de l'Inde (6,5%), de l'Allemagne (3,2%), du Japon (2,6%) et des États-Unis (2,2%).

Chapitre 5.1. Fabrication

(ISIC D)

La valeur de la fabrication aux Bahamas est passé de 31,7 millions de dollars par an dans les années 1970 à 299,7 millions de dollars par an dans les années 2010, c'est-à-dire 268,0 millions de dollars ou de 9,5 fois. La variation a été de 205,5 millions de dollars en raison de l'augmentation de 3,2 fois des prix, et de 31,1 millions de dollars en raison de la croissance de productivité de 1,5 fois, et de 31,3 millions de dollars en raison de la croissance démographique. La croissance annuelle moyenne de la fabrication était de 1,8%. La valeur minimale était de 21,1 millions de dollars en 1970. La valeur maximale était de 393,4 millions de dollars en 2016.

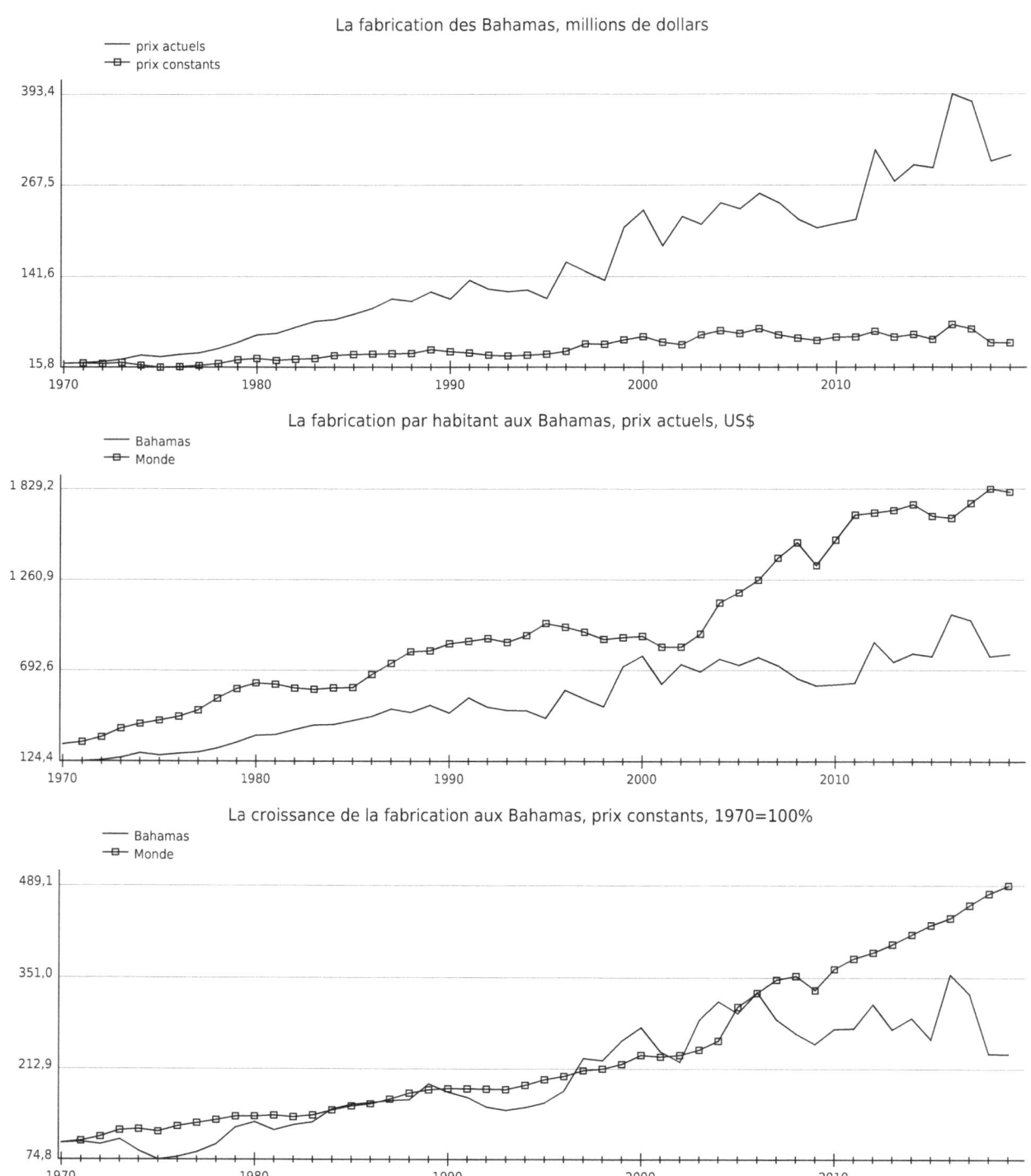

Chapitre 5.1. Fabrication

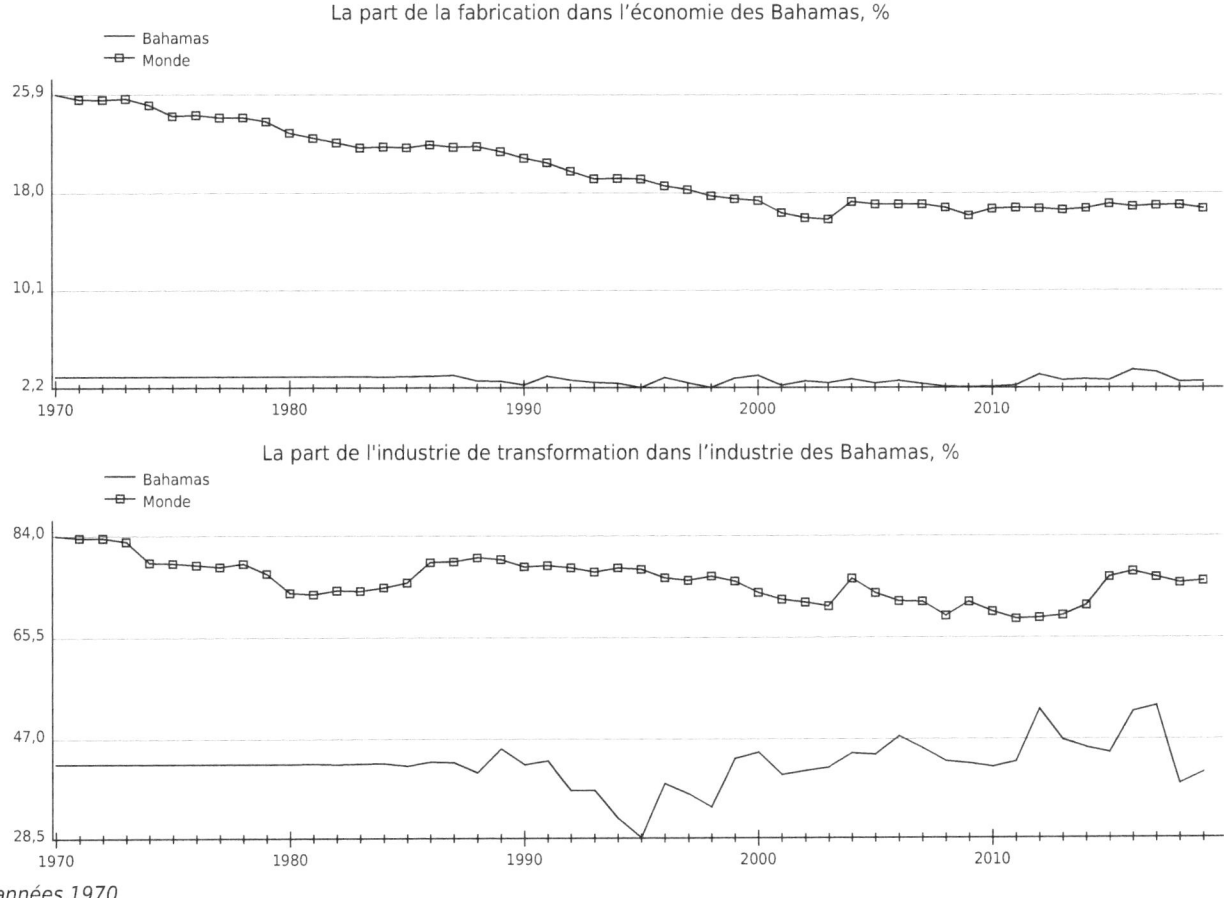

Les années 1970

La valeur de l'industrie de transformation aux Bahamas était de 31,7 millions de dollars par an dans les années 1970, se classant au 143ème rang mondial à égalité avec le Burundi (32,3 millions de dollars), la Gambie (31,0 millions de dollars). La part dans le monde était de 0,0020% et de 0,0063% dans les Amériques.

La part de la fabrication dans l'économie des Bahamas était de 3,1% dans les années 1970, au 167ème rang mondial.

La fabrication par habitant aux Bahamas était de 169.2 dollars dans les années 1970, se classant au 73ème rang mondial, à égalité avec l'Est (168,5 de dollars), le Guyana (167,4 de dollars), l'Afrique de l'Ouest (166,0 de dollars). La fabrication par habitant aux Bahamas était 2,3 fois inférieure la fabrication par habitant au Monde (383,2 US$), et 5,3 fois inférieure la fabrication par habitant dans les Amériques (896,7 US$).

La croissance de la fabrication aux Bahamas était de 2.4% dans les années 1970, au 146ème rang mondial, à égalité avec l'Europe de l'Ouest (2,4%), le Salvador (2,4%). La croissance de la fabrication aux Bahamas (2,4%) a été inférieure à celle du monde (3,8%), et inférieure à celle des Amériques (3,6%).

Comparaison avec les voisins. La valeur de la fabrication aux Bahamas était supérieure à celle des Îles Turks-et-Caïcos (820 987,3 de dollars); mais inférieure à celle des États-Unis (378,0 milliards de dollars) et de Cuba (1,5 milliards de dollars). La fabrication par habitant aux Bahamas était supérieure à celle de Cuba (161,9 de dollars) et des Îles Turks-et-Caïcos (122,6 de dollars); mais inférieure à celle des États-Unis (1 731,8 de dollars). La croissance de la fabrication aux Bahamas était inférieure à celle des Îles Turks-et-Caïcos (10,7%), de Cuba (5,4%) et des États-Unis (2,7%).

Comparaison avec les leaders. Le secteur de la fabrication aux Bahamas était inférieur à celui des États-Unis (378,0 milliards de dollars), de l'URSS (248,8 milliards de dollars), du Japon (169,3 milliards de dollars), de l'Allemagne (138,0 milliards de dollars) et de la France (64,5 milliards de dollars). La fabrication par habitant aux Bahamas était inférieure à celle de l'Allemagne (1 752,1 de dollars), des États-Unis (1 731,8 de dollars), du Japon (1 520,6 de dollars), de la France (1 203,0 de dollars) et de l'URSS (986,6 de dollars). La croissance de la fabrication aux Bahamas était supérieure à celle de l'Allemagne (2,1%); mais inférieure à celle de l'URSS (5,2%), du Japon (4,5%), de la France (3,5%) et des États-Unis (2,7%).

Les années 1980

La valeur ajoutée de la fabrication aux Bahamas était de 87,8 millions de dollars par an dans les années 1980, se classant au 140ème rang mondial à égalité avec Monaco (86,8 millions de dollars), la Guinée (90,0 millions de dollars). La part dans le monde était de 0,0027% et de 0,0083% dans les Amériques.

La part de la fabrication dans l'économie des Bahamas était de 3,0% dans les années 1980, se situant au 172ème rang mondial, à égalité avec la Guinée (3,0%).

La fabrication par habitant aux Bahamas était de 379.1 dollars dans les années 1980, se classant au 68ème rang mondial, à égalité avec l'Équateur (377,6 de dollars), la Polynésie (377,2 de dollars), la République dominicaine (386,0 de dollars). La fabrication par habitant aux Bahamas était 42,7% inférieure la fabrication par habitant au Monde (661,2 US$), et 4,2 fois inférieure la fabrication par habitant dans les Amériques (1 597,5 US$).

La croissance de la fabrication aux Bahamas était de 4.4% dans les années 1980, se situant au 68ème rang mondial, à égalité avec d'Anguilla (4,4%), le Japon (4,4%), le Luxembourg (4,4%). La croissance de la fabrication aux Bahamas (4,4%) a été supérieure à celle du monde (2,6%), et supérieure à celle des Amériques (1,8%).

Comparaison avec les voisins. La fabrication des Bahamas était supérieure à celle des Îles Turks-et-Caïcos (2,7 millions de dollars); mais inférieure à celle des États-Unis (789,4 milliards de dollars) et de Cuba (2,9 milliards de dollars). La fabrication par habitant aux Bahamas était supérieure à celle de Cuba (287,5 de dollars) et des Îles Turks-et-Caïcos (278,4 de dollars); mais inférieure à celle des États-Unis (3 296,4 de dollars). La croissance de la fabrication aux Bahamas était supérieure à celle de Cuba (3,6%) et des États-Unis (1,9%); mais inférieure à celle des Îles Turks-et-Caïcos (10,7%).

Comparaison avec les leaders. La valeur ajoutée de l'industrie de transformation aux Bahamas était inférieure à celle des États-Unis (789,4 milliards de dollars), du Japon (501,0 milliards de dollars), de l'URSS (305,7 milliards de dollars), de l'Allemagne (258,7 milliards de dollars) et de l'Italie (134,1 milliards de dollars). La fabrication par habitant aux Bahamas était inférieure à celle du Japon (4 131,0 de dollars), de l'Allemagne (3 316,0 de dollars), des États-Unis (3 296,4 de dollars), de l'Italie (2 359,9 de dollars) et de l'URSS (1 110,8 de dollars). La croissance de l'industrie de transformation aux Bahamas était supérieure à celle de l'Italie (2,5%), des États-Unis (1,9%) et de l'Allemagne (1,2%); mais inférieure à celle de l'URSS (5,3%) et du Japon (4,4%).

Les années 1990

La fabrication des Bahamas était de 138,0 millions de dollars par an dans les années 1990, se situant au 159ème rang mondial. La part dans le monde était de 0,0027% et de 0,0082% dans les Amériques.

La part de l'industrie de transformation dans l'économie des Bahamas était de 2,6% dans les années 1990, au 195ème rang mondial.

La fabrication par habitant aux Bahamas était de 498.8 dollars dans les années 1990, se classant au 75ème rang mondial, à égalité avec Saint-Christophe-et-Niévès (495,0 de dollars), la Biélorussie (491,9 de dollars), la Lituanie (489,1 de dollars). La fabrication par habitant aux Bahamas était 45,1% inférieure la fabrication par habitant au Monde (908,4 US$), et 4,4 fois inférieure la fabrication par habitant dans les Amériques (2 172,9 US$).

La croissance de la fabrication aux Bahamas était de 3% dans les années 1990, se classant au 81ème rang mondial, à égalité avec le Tchad (3,0%), Malte (3,0%). La croissance de l'industrie de transformation aux Bahamas (3,0%) a été supérieure à celle du monde (2,0%), et supérieure à celle des Amériques (3,0%).

Comparaison avec les voisins. La fabrication des Bahamas était supérieure à celle des Îles Turks-et-Caïcos (8,7 millions de dollars); mais inférieure à celle des États-Unis (1,2 billions de dollars) et de Cuba (4,1 milliards de dollars). La fabrication par habitant aux Bahamas était supérieure à celle de Cuba (379,2 de dollars); mais inférieure à celle des États-Unis (4 707,3 de dollars) et des Îles Turks-et-Caïcos (557,2 de dollars). La croissance de la fabrication aux Bahamas était supérieure à celle de Cuba (-2,0%); mais inférieure à celle des Îles Turks-et-Caïcos (9,1%) et des États-Unis (3,2%).

Comparaison avec les leaders. Le secteur de l'industrie de transformation aux Bahamas était inférieur à celui des États-Unis (1,2 billions de dollars), du Japon (1,0 billions de dollars), de l'Allemagne (468,8 milliards de dollars), de l'Italie (227,8 milliards de dollars) et de la France (215,0 milliards de dollars). La fabrication par habitant aux Bahamas était inférieure à celle du Japon (8 305,2 de dollars), de l'Allemagne (5 813,5 de dollars), des États-Unis (4 707,3 de dollars), de l'Italie (3 994,1 de dollars) et de la France (3 621,1 de dollars). La croissance de la fabrication aux Bahamas était supérieure à celle de la France (2,4%), de l'Italie (1,2%), du Japon

Chapitre 5.1. Fabrication

(1,1%) et de l'Allemagne (0,26%); mais inférieure à celle des États-Unis (3,2%).

Les années 2000

La valeur de la fabrication aux Bahamas était de 226,4 millions de dollars par an dans les années 2000, se situant au 160ème rang mondial à égalité avec le Togo (223,0 millions de dollars). La part dans le monde était de 0,0031% et de 0,0100% dans les Amériques.

La part de la fabrication dans l'économie des Bahamas était de 2,6% dans les années 2000, se situant au 196ème rang mondial.

La fabrication par habitant aux Bahamas était de 701.6 dollars dans les années 2000, se situant au 84ème rang mondial, à égalité avec l'Afrique du Sud (712,6 de dollars). La fabrication par habitant aux Bahamas était 38,4% inférieure la fabrication par habitant au Monde (1 138,1 US$), et 3,7 fois inférieure la fabrication par habitant dans les Amériques (2 583,7 US$).

La croissance de la fabrication aux Bahamas était de -0.2% dans les années 2000, au 167ème rang mondial. La croissance de la fabrication aux Bahamas (-0,19%) a été inférieure à celle du monde (4,2%), et inférieure à celle des Amériques (1,4%).

Comparaison avec les voisins. La valeur ajoutée de l'industrie de transformation aux Bahamas était supérieure à celle des Îles Turks-et-Caïcos (12,0 millions de dollars); mais inférieure à celle des États-Unis (1,6 billions de dollars) et de Cuba (6,5 milliards de dollars). La fabrication par habitant aux Bahamas était supérieure à celle de Cuba (582,5 de dollars) et des Îles Turks-et-Caïcos (449,9 de dollars); mais inférieure à celle des États-Unis (5 600,5 de dollars). La croissance de la fabrication aux Bahamas était supérieure à celle des Îles Turks-et-Caïcos (-4,0%); mais inférieure à celle de Cuba (3,4%) et des États-Unis (1,6%).

Comparaison avec les leaders. La valeur ajoutée de la fabrication aux Bahamas était inférieure à celle des États-Unis (1,6 billions de dollars), de la Chine (1,1 billions de dollars), du Japon (992,9 milliards de dollars), de l'Allemagne (551,4 milliards de dollars) et de l'Italie (277,2 milliards de dollars). La fabrication par habitant aux Bahamas était inférieure à celle du Japon (7 746,3 de dollars), de l'Allemagne (6 773,6 de dollars), des États-Unis (5 600,5 de dollars), de l'Italie (4 780,8 de dollars) et de la Chine (815,3 de dollars). La croissance de l'industrie de transformation aux Bahamas était supérieure à celle de l'Italie (-1,3%); mais inférieure à celle des États-Unis (1,6%), du Japon (0,32%) et de l'Allemagne (0,097%).

Les années 2010

La valeur ajoutée de l'industrie de transformation aux Bahamas était de 299,7 millions de dollars par an dans les années 2010, se classant au 162ème rang mondial à égalité avec le Burundi (300,0 millions de dollars). La part dans le monde était de 0,0024% et de 0,0099% dans les Amériques.

La part de la fabrication dans l'économie des Bahamas était de 2,9% dans les années 2010, se classant au 188ème rang mondial.

La fabrication par habitant aux Bahamas était de 804.6 dollars dans les années 2010, au 90ème rang mondial, à égalité avec le Panama (801,1 de dollars), l'Équateur (814,2 de dollars), l'Iran (821,0 de dollars). La fabrication par habitant aux Bahamas était 2,1 fois inférieure la fabrication par habitant au Monde (1 697,4 US$), et 3,9 fois inférieure la fabrication par habitant dans les Amériques (3 100,6 US$).

La croissance de la fabrication aux Bahamas était de -0.6% dans les années 2010, se situant au 183ème rang mondial. La croissance de l'industrie de transformation aux Bahamas (-0,61%) a été inférieure à celle du monde (3,9%), et inférieure à celle des Amériques (1,6%).

Comparaison avec les voisins. La valeur ajoutée de l'industrie de transformation aux Bahamas était 46,4 fois supérieure à celle des Îles Turks-et-Caïcos (6,5 millions de dollars); mais 6 908,8 fois inférieure à celle des États-Unis (2,1 billions de dollars) et 40,9 fois inférieure à celle de Cuba (12,2 milliards de dollars). La fabrication par habitant aux Bahamas était 4,4 fois supérieure à celle des Îles Turks-et-Caïcos (181,7 de dollars); mais 8,1 fois inférieure à celle des États-Unis (6 481,0 de dollars) et 25,8% inférieure à celle de Cuba (1 083,9 de dollars). La croissance de l'industrie de transformation aux Bahamas était supérieure à celle des Îles Turks-et-Caïcos (-6,2%); mais inférieure à celle des États-Unis (1,9%) et de Cuba (0,33%).

Comparaison avec les leaders. La fabrication des Bahamas était 10 394,3 fois inférieure à celle de la Chine (3,1 billions de dollars), 6 908,8 fois inférieure à celle des États-Unis (2,1 billions de dollars), 3 536,9 fois inférieure à celle du Japon (1,1 billions de dollars), 2 453,1 fois inférieure à celle de l'Allemagne (735,2 milliards de dollars) et 1 303,0 fois inférieure à celle de la Corée du Sud (390,5 milliards de dollars). La fabrication par habitant aux Bahamas était 11,2 fois inférieure à celle de l'Allemagne (8 981,7 de dollars), 10,3 fois inférieure à celle du Japon (8 286,2 de dollars), 9,6 fois inférieure à celle de la Corée du Sud (7 723,3 de dollars), 8,1 fois inférieure à celle des États-Unis (6 481,0 de dollars) et 2,8 fois inférieure à celle de la Chine (2 221,3 de dollars). La croissance de la fabrication aux Bahamas était inférieure à celle de la Chine (7,5%), de la Corée du Sud (3,8%), de l'Allemagne (3,5%), du Japon (3,0%) et des États-Unis (1,9%).

Chapitre VI. Construction

(ISIC F)

La valeur ajoutée de la construction aux Bahamas est passé de 67,3 millions de dollars par an dans les années 1970 à 806,7 millions de dollars par an dans les années 2010, c'est-à-dire 739,4 millions de dollars ou de 12,0 fois. La variation a été de 521,5 millions de dollars en raison de l'augmentation de 2,8 fois des prix, et de 151,4 millions de dollars en raison de la croissance de productivité de 2,1 fois, et de 66,5 millions de dollars en raison de la croissance démographique. La croissance annuelle moyenne de la construction était de 3,1%. La valeur minimale était de 44,7 millions de dollars en 1970. La valeur maximale était de 991,0 millions de dollars en 2019.

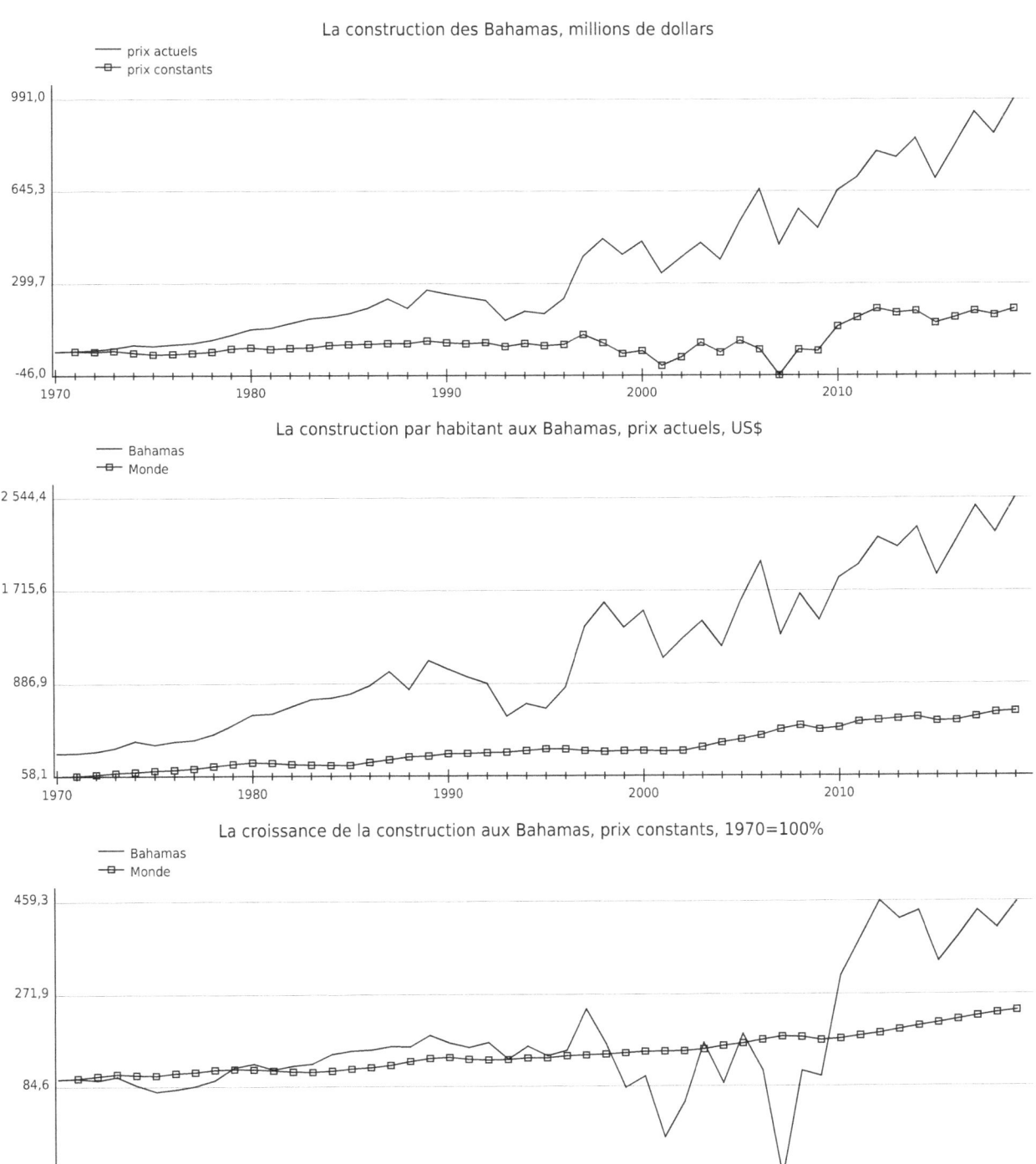

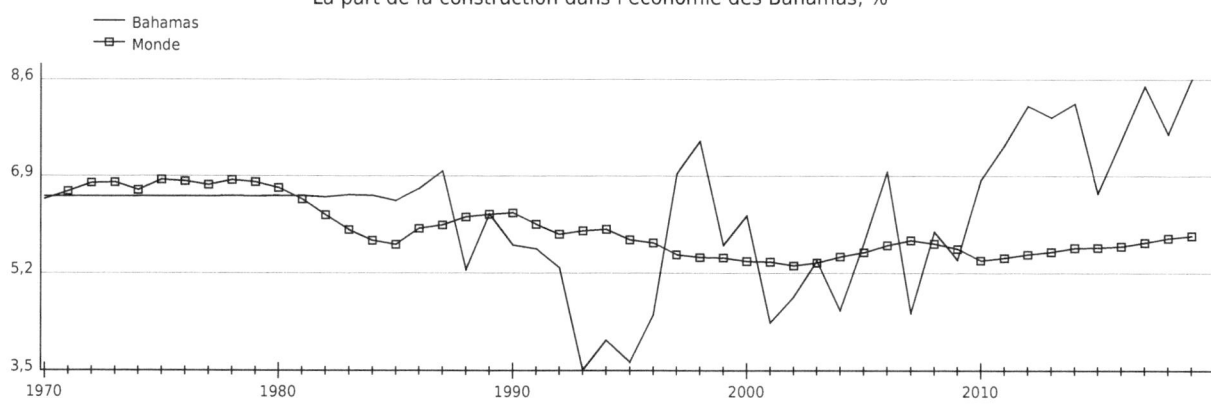

La part de la construction dans l'économie des Bahamas, %

Les années 1970

La construction des Bahamas était de 67,3 millions de dollars par an dans les années 1970, se classant au 107ème rang mondial. La part dans le monde était de 0,016% et de 0,055% dans les Amériques.

La part de la construction dans l'économie des Bahamas était de 6,6% dans les années 1970, se classant au 88ème rang mondial, à égalité avec les Caraïbes (6,5%).

La construction par habitant aux Bahamas était de 359.1 dollars dans les années 1970, se classant au 31ème rang mondial, à égalité avec l'Europe du Nord (358,4 de dollars). La construction par habitant aux Bahamas était 3,4 fois supérieure la construction par habitant au Monde (106,1 US$), et 65,1% supérieure la construction par habitant dans les Amériques (217,5 US$).

La croissance de la construction aux Bahamas était de 2.4% dans les années 1970, se classant au 133ème rang mondial. La croissance de la construction aux Bahamas (2,4%) a été supérieure à celle du monde (2,1%), et supérieure à celle des Amériques (1,5%).

Comparaison avec les voisins. La construction des Bahamas était supérieure à celle des Îles Turks-et-Caïcos (1,4 millions de dollars); mais inférieure à celle des États-Unis (81,1 milliards de dollars) et de Cuba (897,2 millions de dollars). La construction par habitant aux Bahamas était supérieure à celle des Îles Turks-et-Caïcos (203,3 de dollars) et de Cuba (96,2 de dollars); mais inférieure à celle des États-Unis (371,5 de dollars). La croissance de la construction aux Bahamas était supérieure à celle des États-Unis (0,31%); mais inférieure à celle des Îles Turks-et-Caïcos (10,7%) et de Cuba (5,4%).

Comparaison avec les leaders. La valeur de la construction aux Bahamas était inférieure à celle des États-Unis (81,1 milliards de dollars), de l'URSS (52,5 milliards de dollars), du Japon (43,5 milliards de dollars), de l'Allemagne (33,8 milliards de dollars) et de la France (22,4 milliards de dollars). La construction par habitant aux Bahamas était supérieure à celle de l'URSS (208,1 de dollars); mais inférieure à celle de l'Allemagne (428,6 de dollars), de la France (417,3 de dollars), du Japon (390,8 de dollars) et des États-Unis (371,5 de dollars). La croissance de la construction aux Bahamas était supérieure à celle de la France (2,0%), de l'Allemagne (0,66%) et des États-Unis (0,31%); mais inférieure à celle de l'URSS (6,5%) et du Japon (3,4%).

Les années 1980

Le secteur de la construction aux Bahamas était de 187,4 millions de dollars par an dans les années 1980, au 95ème rang mondial. La part dans le monde était de 0,021% et de 0,071% dans les Amériques.

La part de la construction dans l'économie des Bahamas était de 6,4% dans les années 1980, au 71ème rang mondial, à égalité avec la Grèce (6,4%), l'Europe du Nord (6,4%), l'Allemagne (6,4%).

La construction par habitant aux Bahamas était de 808.6 dollars dans les années 1980, au 21ème rang mondial, à égalité avec les Palaos (812,0 de dollars), la Polynésie française (803,4 de dollars), l'Arabie saoudite (821,3 de dollars). La construction par habitant aux Bahamas était 4,3 fois supérieure la construction par habitant au Monde (186,2 US$), et 2,0 fois supérieure la construction par habitant dans les Amériques (396,8 US$).

La croissance de la construction aux Bahamas était de 4.3% dans les années 1980, se situant au 53ème rang mondial. La croissance de la construction aux Bahamas (4,3%) a été supérieure à celle du monde (1,7%), et supérieure à celle des Amériques (0,83%).

Comparaison avec les voisins. La valeur de la construction aux Bahamas était supérieure à celle des Îles Turks-et-Caïcos (4,5 millions

Chapitre VI. Construction

de dollars); mais inférieure à celle des États-Unis (180,6 milliards de dollars) et de Cuba (1,7 milliards de dollars). La construction par habitant aux Bahamas était supérieure à celle des États-Unis (754,4 de dollars), des Îles Turks-et-Caïcos (461,8 de dollars) et de Cuba (171,2 de dollars). La croissance de la construction aux Bahamas était supérieure à celle des États-Unis (1,1%); mais inférieure à celle des Îles Turks-et-Caïcos (10,7%) et de Cuba (4,8%).

Comparaison avec les leaders. La valeur ajoutée de la construction aux Bahamas était inférieure à celle des États-Unis (180,6 milliards de dollars), du Japon (138,7 milliards de dollars), de l'URSS (72,1 milliards de dollars), de l'Allemagne (57,8 milliards de dollars) et de la France (42,5 milliards de dollars). La construction par habitant aux Bahamas était supérieure à celle des États-Unis (754,4 de dollars), de la France (751,9 de dollars), de l'Allemagne (740,2 de dollars) et de l'URSS (262,0 de dollars); mais inférieure à celle du Japon (1 143,9 de dollars). La croissance de la construction aux Bahamas était supérieure à celle du Japon (2,1%), des États-Unis (1,1%), de la France (0,67%) et de l'Allemagne (-0,52%); mais inférieure à celle de l'URSS (6,2%).

Les années 1990

Le secteur de la construction aux Bahamas était de 280,8 millions de dollars par an dans les années 1990, se classant au 106ème rang mondial à égalité avec l'Estonie (278,8 millions de dollars), le Panama (283,6 millions de dollars), la Palestine (286,7 millions de dollars). La part dans le monde était de 0,018% et de 0,065% dans les Amériques.

La part de la construction dans l'économie des Bahamas était de 5,4% dans les années 1990, se situant au 114ème rang mondial, à égalité avec la France (5,4%), la Malaisie (5,4%).

La construction par habitant aux Bahamas était de 1015 dollars dans les années 1990, se classant au 35ème rang mondial, à égalité avec d'Anguilla (1 028,2 de dollars), l'Irlande (1 035,0 de dollars), le Qatar (991,8 de dollars). La construction par habitant aux Bahamas était 3,6 fois supérieure la construction par habitant au Monde (278,6 US$), et 79,9% supérieure la construction par habitant dans les Amériques (564,1 US$).

La croissance de la construction aux Bahamas était de -8.1% dans les années 1990, se situant au 189ème rang mondial, à égalité avec Cuba (-8,1%). La croissance de la construction aux Bahamas (-8,1%) a été inférieure à celle du monde (0,71%), et inférieure à celle des Amériques (1,8%).

Comparaison avec les voisins. La construction des Bahamas était supérieure à celle des Îles Turks-et-Caïcos (14,6 millions de dollars); mais inférieure à celle des États-Unis (299,1 milliards de dollars) et de Cuba (1,6 milliards de dollars). La construction par habitant aux Bahamas était supérieure à celle des Îles Turks-et-Caïcos (933,4 de dollars) et de Cuba (145,4 de dollars); mais inférieure à celle des États-Unis (1 131,2 de dollars). La croissance de la construction aux Bahamas était supérieure à celle de Cuba (-8,1%); mais inférieure à celle des Îles Turks-et-Caïcos (10,3%) et des États-Unis (1,8%).

Comparaison avec les leaders. La valeur de la construction aux Bahamas était inférieure à celle du Japon (343,2 milliards de dollars), des États-Unis (299,1 milliards de dollars), de l'Allemagne (125,2 milliards de dollars), du Royaume-Uni (69,8 milliards de dollars) et de la France (68,8 milliards de dollars). La construction par habitant aux Bahamas était inférieure à celle du Japon (2 721,7 de dollars), de l'Allemagne (1 552,3 de dollars), du Royaume-Uni (1 205,1 de dollars), de la France (1 158,8 de dollars) et des États-Unis (1 131,2 de dollars). La croissance de la construction aux Bahamas était inférieure à celle des États-Unis (1,8%), de l'Allemagne (-0,047%), du Royaume-Uni (-0,34%), de la France (-0,65%) et du Japon (-1,0%).

Les années 2000

Le secteur de la construction aux Bahamas était de 475,1 millions de dollars par an dans les années 2000, se situant au 117ème rang mondial à égalité avec la république démocratique du Congo (475,6 millions de dollars), le Mali (471,5 millions de dollars). La part dans le monde était de 0,019% et de 0,058% dans les Amériques.

La part de la construction dans l'économie des Bahamas était de 5,4% dans les années 2000, se situant au 122ème rang mondial, à égalité avec l'Amérique du Sud (5,4%), la république du Congo (5,4%), le Rwanda (5,4%).

La construction par habitant aux Bahamas était de 1472.3 dollars dans les années 2000, se classant au 36ème rang mondial. La construction par habitant aux Bahamas était 3,9 fois supérieure la construction par habitant au Monde (381,3 US$), et 58,1% supérieure la construction par habitant dans les Amériques (931,0 US$).

La croissance de la construction aux Bahamas était de 2.6% dans les années 2000, se classant au 138ème rang mondial, à égalité avec la Bolivie (2,6%), Saint-Vincent-et-les-Grenadines (2,6%), l'Érythrée (2,6%). La croissance de la construction aux Bahamas (2,6%) a été supérieure à celle du monde (1,5%), et supérieure à celle des Amériques (-0,96%).

Comparaison avec les voisins. Le secteur de la construction aux Bahamas était supérieur à celui des Îles Turks-et-Caïcos (60,9 millions de dollars); mais inférieur à celui des États-Unis (583,0 milliards de dollars) et de Cuba (2,5 milliards de dollars). La construction par habitant aux Bahamas était supérieure à celle de Cuba (219,4 de dollars); mais inférieure à celle des Îles Turks-et-Caïcos (2 274,9 de dollars) et des États-Unis (1 983,7 de dollars). La croissance de la construction aux Bahamas était supérieure à celle des États-Unis (-2,6%); mais inférieure à celle de Cuba (5,9%) et des Îles Turks-et-Caïcos (3,4%).

Comparaison avec les leaders. La valeur ajoutée de la construction aux Bahamas était inférieure à celle des États-Unis (583,0 milliards de dollars), du Japon (270,5 milliards de dollars), de la Chine (150,1 milliards de dollars), du Royaume-Uni (132,1 milliards de dollars) et de l'Espagne (111,8 milliards de dollars). La construction par habitant aux Bahamas était supérieure à celle de la Chine (113,1 de dollars); mais inférieure à celle de l'Espagne (2 560,2 de dollars), du Royaume-Uni (2 186,4 de dollars), du Japon (2 110,1 de dollars) et des États-Unis (1 983,7 de dollars). La croissance de la construction aux Bahamas était supérieure à celle de l'Espagne (1,7%), du Royaume-Uni (0,17%), des États-Unis (-2,6%) et du Japon (-3,9%); mais inférieure à celle de la Chine (11,9%).

Les années 2010

La valeur ajoutée de la construction aux Bahamas était de 806,7 millions de dollars par an dans les années 2010, au 125ème rang mondial à égalité avec le Tadjikistan (814,4 millions de dollars). La part dans le monde était de 0,019% et de 0,070% dans les Amériques.

La part de la construction dans l'économie des Bahamas était de 7,8% dans les années 2010, se situant au 54ème rang mondial, à égalité avec le Canada (7,8%), le Ghana (7,8%), le Mexique (7,8%).

La construction par habitant aux Bahamas était de 2165.6 dollars dans les années 2010, se classant au 27ème rang mondial, à égalité avec le Japon (2 178,3 de dollars), la Belgique (2 144,7 de dollars), d'Israël (2 138,4 de dollars). La construction par habitant aux Bahamas était 3,8 fois supérieure la construction par habitant au Monde (572,1 US$), et 82,1% supérieure la construction par habitant dans les Amériques (1 189,0 US$).

La croissance de la construction aux Bahamas était de 15.8% dans les années 2010, au 3ème rang mondial. La croissance de la construction aux Bahamas (15,8%) a été supérieure à celle du monde (2,9%), et supérieure à celle des Amériques (1,3%).

Comparaison avec les voisins. La valeur de la construction aux Bahamas était 17,2 fois supérieure à celle des Îles Turks-et-Caïcos (46,9 millions de dollars); mais 844,0 fois inférieure à celle des États-Unis (680,8 milliards de dollars) et 7,1 fois inférieure à celle de Cuba (5,7 milliards de dollars). La construction par habitant aux Bahamas était 1,6% supérieure à celle des États-Unis (2 130,9 de dollars), 64,2% supérieure à celle des Îles Turks-et-Caïcos (1 318,9 de dollars) et 4,3 fois supérieure à celle de Cuba (504,6 de dollars). La croissance de la construction aux Bahamas était supérieure à celle de Cuba (4,7%), des États-Unis (1,4%) et des Îles Turks-et-Caïcos (0,091%).

Comparaison avec les leaders. La valeur de la construction aux Bahamas était 906,3 fois inférieure à celle de la Chine (731,1 milliards de dollars), 844,0 fois inférieure à celle des États-Unis (680,8 milliards de dollars), 345,4 fois inférieure à celle du Japon (278,7 milliards de dollars), 208,4 fois inférieure à celle de l'Inde (168,1 milliards de dollars) et 189,9 fois inférieure à celle de l'Allemagne (153,2 milliards de dollars). La construction par habitant aux Bahamas était 1,6% supérieure à celle des États-Unis (2 130,9 de dollars), 15,7% supérieure à celle de l'Allemagne (1 871,9 de dollars), 4,2 fois supérieure à celle de la Chine (521,3 de dollars) et 16,8 fois supérieure à celle de l'Inde (129,1 de dollars); mais 0,58% inférieure à celle du Japon (2 178,3 de dollars). La croissance de la construction aux Bahamas était supérieure à celle de la Chine (8,2%), de l'Inde (5,2%), de l'Allemagne (1,8%), du Japon (1,7%) et des États-Unis (1,4%).

Chapitre VII. Transport

Transport et stockage (ISIC I)

La valeur du transport aux Bahamas est passé de 66,7 millions de dollars par an dans les années 1970 à 919,0 millions de dollars par an dans les années 2010, c'est-à-dire 852,3 millions de dollars ou de 13,8 fois. La variation a été de 717,3 millions de dollars en raison de l'augmentation de 4,6 fois des prix, et de 69,1 millions de dollars en raison de la croissance de productivité de 1,5 fois, et de 65,9 millions de dollars en raison de la croissance démographique. La croissance annuelle moyenne du transport était de 1,9%. La valeur minimale était de 44,3 millions de dollars en 1970. La valeur maximale était de 1,1 milliards de dollars en 2015.

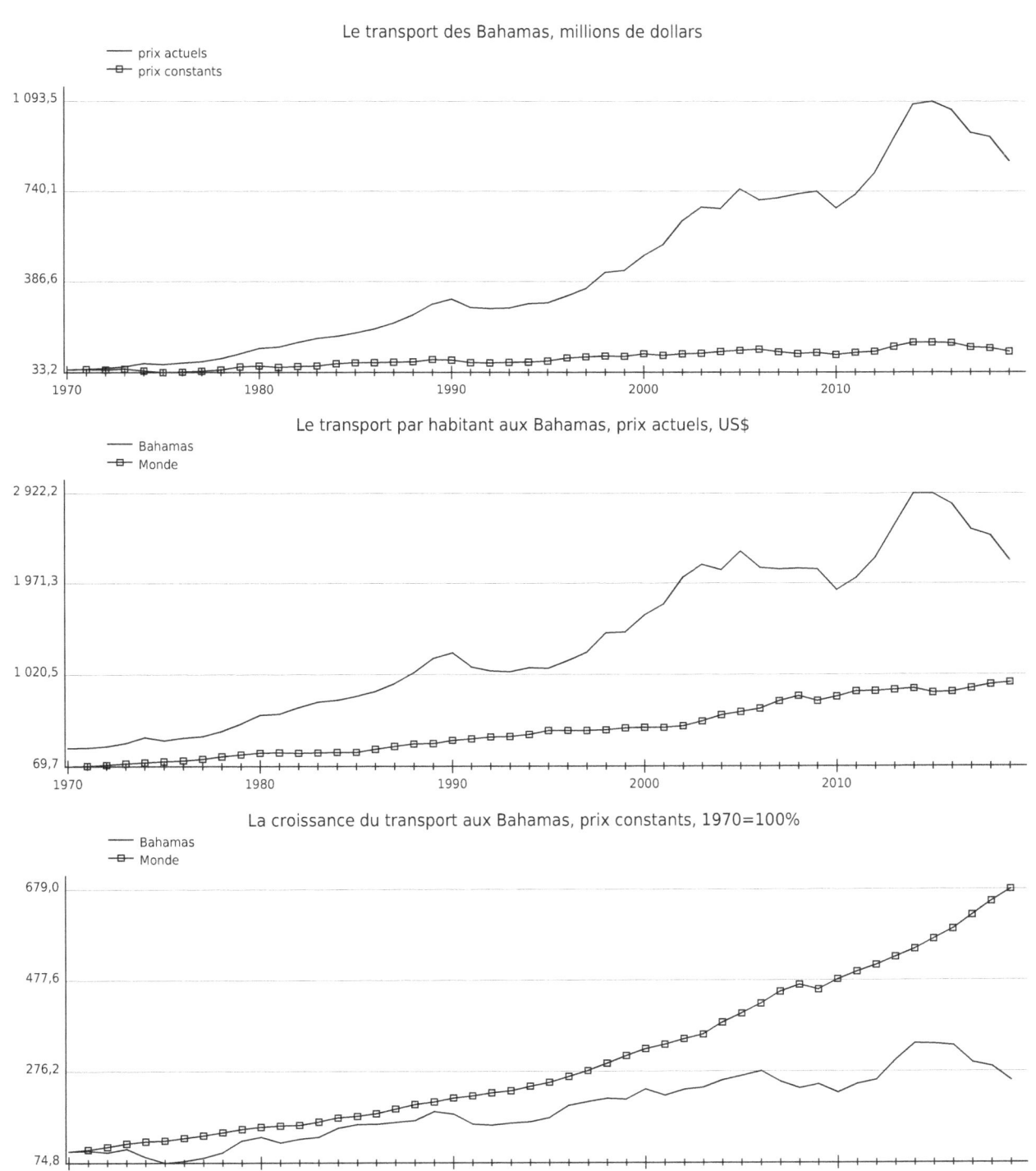

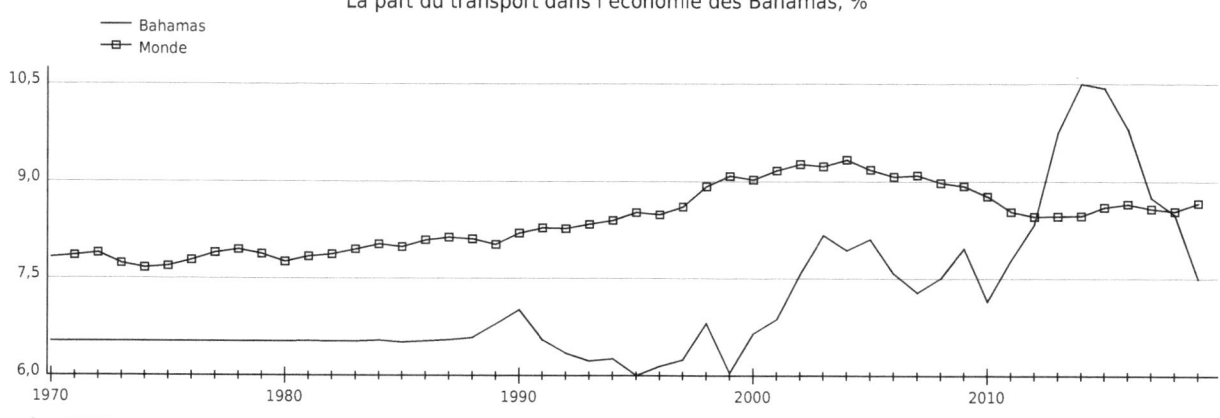

La part du transport dans l'économie des Bahamas, %

Les années 1970

La valeur ajoutée du transport aux Bahamas était de 66,7 millions de dollars par an dans les années 1970, se classant au 107ème rang mondial à égalité avec le Salvador (67,8 millions de dollars). La part dans le monde était de 0,014% et de 0,033% dans les Amériques.

La part du transport dans l'économie des Bahamas était de 6,5% dans les années 1970, se situant au 103ème rang mondial, à égalité avec l'Est (6,6%).

Le transport par habitant aux Bahamas était de 356.1 dollars dans les années 1970, au 28ème rang mondial, à égalité avec les Amériques (360,9 de dollars). Le transport par habitant aux Bahamas était 2,9 fois supérieur le transport par habitant au Monde (122,3 US$), et 1,3% inférieur le transport par habitant dans les Amériques (360,9 US$).

La croissance du transport aux Bahamas était de 2.4% dans les années 1970, au 154ème rang mondial. La croissance du transport aux Bahamas (2,4%) a été inférieure à celle du monde (4,6%), et inférieure à celle des Amériques (4,9%).

Comparaison avec les voisins. Le secteur du transport aux Bahamas était supérieur à celui des Îles Turks-et-Caïcos (1,9 millions de dollars); mais inférieur à celui des États-Unis (168,6 milliards de dollars) et de Cuba (1,3 milliards de dollars). Le transport par habitant aux Bahamas était supérieur à celui des Îles Turks-et-Caïcos (288,2 de dollars) et de Cuba (140,9 de dollars); mais inférieur à celui des États-Unis (772,4 de dollars). La croissance du transport aux Bahamas était inférieure à celle des Îles Turks-et-Caïcos (10,7%), de Cuba (5,4%) et des États-Unis (4,2%).

Comparaison avec les leaders. La valeur ajoutée du transport aux Bahamas était inférieure à celle des États-Unis (168,6 milliards de dollars), du Japon (46,4 milliards de dollars), de l'Allemagne (29,6 milliards de dollars), de l'URSS (28,8 milliards de dollars) et de la France (24,0 milliards de dollars). Le transport par habitant aux Bahamas était supérieur à celui de l'URSS (114,0 de dollars); mais inférieur à celui des États-Unis (772,4 de dollars), de la France (447,4 de dollars), du Japon (416,6 de dollars) et de l'Allemagne (376,1 de dollars). La croissance du transport aux Bahamas était supérieure à celle du Japon (1,7%); mais inférieure à celle de l'URSS (8,1%), des États-Unis (4,2%), de la France (4,1%) et de l'Allemagne (3,0%).

Les années 1980

La valeur du transport aux Bahamas était de 191,9 millions de dollars par an dans les années 1980, se situant au 101ème rang mondial à égalité avec le Liban (188,5 millions de dollars). La part dans le monde était de 0,016% et de 0,041% dans les Amériques.

La part du transport dans l'économie des Bahamas était de 6,6% dans les années 1980, se situant au 110ème rang mondial, à égalité avec la Barbade (6,6%), l'Asie du Sud-Est (6,6%), l'Afrique du Nord (6,6%).

Le transport par habitant aux Bahamas était de 828 dollars dans les années 1980, au 27ème rang mondial, à égalité avec l'Italie (812,2 de dollars). Le transport par habitant aux Bahamas était 3,4 fois supérieur le transport par habitant au Monde (242,0 US$), et 15,8% supérieur le transport par habitant dans les Amériques (714,8 US$).

La croissance du transport aux Bahamas était de 4.3% dans les années 1980, se classant au 76ème rang mondial, à égalité avec l'Eswatini (4,2%), la république du Congo (4,2%), la Turquie (4,2%). La croissance du transport aux Bahamas (4,3%) a été supérieure à celle du monde (3,4%), et supérieure à celle des Amériques (3,5%).

Comparaison avec les voisins. La valeur du transport aux Bahamas était supérieure à celle des Îles Turks-et-Caïcos (6,4 millions de

Chapitre VII. Transport

dollars); mais inférieure à celle des États-Unis (394,9 milliards de dollars) et de Cuba (2,6 milliards de dollars). Le transport par habitant aux Bahamas était supérieur à celui des Îles Turks-et-Caïcos (654,4 de dollars) et de Cuba (254,8 de dollars); mais inférieur à celui des États-Unis (1 649,2 de dollars). La croissance du transport aux Bahamas était supérieure à celle de Cuba (4,1%) et des États-Unis (3,6%); mais inférieure à celle des Îles Turks-et-Caïcos (10,7%).

Comparaison avec les leaders. La valeur ajoutée du transport aux Bahamas était inférieure à celle des États-Unis (394,9 milliards de dollars), du Japon (147,7 milliards de dollars), de l'Allemagne (56,6 milliards de dollars), de la France (56,2 milliards de dollars) et du Royaume-Uni (53,0 milliards de dollars). Le transport par habitant aux Bahamas était supérieur à celui de l'Allemagne (725,5 de dollars); mais inférieur à celui des États-Unis (1 649,2 de dollars), du Japon (1 217,8 de dollars), de la France (993,7 de dollars) et du Royaume-Uni (938,7 de dollars). La croissance du transport aux Bahamas était supérieure à celle des États-Unis (3,6%), du Royaume-Uni (3,0%) et de l'Allemagne (1,8%); mais inférieure à celle de la France (5,4%) et du Japon (4,7%).

Les années 1990

La valeur ajoutée du transport aux Bahamas était de 331,8 millions de dollars par an dans les années 1990, se situant au 114ème rang mondial à égalité avec le Qatar (327,6 millions de dollars), la Birmanie (326,3 millions de dollars). La part dans le monde était de 0,014% et de 0,039% dans les Amériques.

La part du transport dans l'économie des Bahamas était de 6,3% dans les années 1990, se situant au 154ème rang mondial, à égalité avec la Malaisie (6,3%), l'Afghanistan (6,3%), la Namibie (6,4%).

Le transport par habitant aux Bahamas était de 1199.4 dollars dans les années 1990, au 37ème rang mondial. Le transport par habitant aux Bahamas était 2,9 fois supérieur le transport par habitant au Monde (409,5 US$), et 8,6% supérieur le transport par habitant dans les Amériques (1 104,4 US$).

La croissance du transport aux Bahamas était de 1.4% dans les années 1990, se classant au 165ème rang mondial. La croissance du transport aux Bahamas (1,4%) a été inférieure à celle du monde (4,0%), et inférieure à celle des Amériques (4,7%).

Comparaison avec les voisins. Le secteur du transport aux Bahamas était supérieur à celui des Îles Turks-et-Caïcos (20,6 millions de dollars); mais inférieur à celui des États-Unis (702,6 milliards de dollars) et de Cuba (2,0 milliards de dollars). Le transport par habitant aux Bahamas était supérieur à celui de Cuba (188,6 de dollars); mais inférieur à celui des États-Unis (2 656,9 de dollars) et des Îles Turks-et-Caïcos (1 313,7 de dollars). La croissance du transport aux Bahamas était supérieure à celle de Cuba (-1,7%); mais inférieure à celle des Îles Turks-et-Caïcos (9,8%) et des États-Unis (5,0%).

Comparaison avec les leaders. La valeur du transport aux Bahamas était inférieure à celle des États-Unis (702,6 milliards de dollars), du Japon (373,9 milliards de dollars), de l'Allemagne (144,3 milliards de dollars), de la France (118,7 milliards de dollars) et du Royaume-Uni (117,6 milliards de dollars). Le transport par habitant aux Bahamas était inférieur à celui du Japon (2 965,8 de dollars), des États-Unis (2 656,9 de dollars), du Royaume-Uni (2 031,3 de dollars), de la France (1 999,2 de dollars) et de l'Allemagne (1 789,0 de dollars). La croissance du transport aux Bahamas était inférieure à celle des États-Unis (5,0%), de la France (4,8%), du Royaume-Uni (4,7%), de l'Allemagne (3,9%) et du Japon (3,0%).

Les années 2000

Le transport des Bahamas était de 663,6 millions de dollars par an dans les années 2000, au 116ème rang mondial à égalité avec Malte (656,4 millions de dollars). La part dans le monde était de 0,016% et de 0,045% dans les Amériques.

La part du transport dans l'économie des Bahamas était de 7,6% dans les années 2000, au 140ème rang mondial, à égalité avec le Cambodge (7,6%), l'Arménie (7,5%), le Canada (7,6%).

Le transport par habitant aux Bahamas était de 2056.6 dollars dans les années 2000, se situant au 34ème rang mondial, à égalité avec l'Océanie (2 009,1 de dollars). Le transport par habitant aux Bahamas était 3,3 fois supérieur le transport par habitant au Monde (621,1 US$), et 21,9% supérieur le transport par habitant dans les Amériques (1 687,7 US$).

La croissance du transport aux Bahamas était de 1.4% dans les années 2000, au 185ème rang mondial. La croissance du transport aux Bahamas (1,4%) a été inférieure à celle du monde (3,9%), et inférieure à celle des Amériques (3,2%).

Comparaison avec les voisins. La valeur du transport aux Bahamas était supérieure à celle des Îles Turks-et-Caïcos (47,8 millions de dollars); mais inférieure à celle des États-Unis (1,2 billions de dollars) et de Cuba (3,8 milliards de dollars). Le transport par habitant aux Bahamas était supérieur à celui des Îles Turks-et-Caïcos (1 784,6 de dollars) et de Cuba (337,1 de dollars); mais inférieur à celui des États-Unis (4 029,0 de dollars). La croissance du transport aux Bahamas était inférieure à celle de Cuba (5,6%), des États-Unis (3,1%) et des Îles Turks-et-Caïcos (1,6%).

Comparaison avec les leaders. Le transport des Bahamas était inférieur à celui des États-Unis (1,2 billions de dollars), du Japon (468,5 milliards de dollars), de l'Allemagne (228,2 milliards de dollars), du Royaume-Uni (215,9 milliards de dollars) et de la France (185,6 milliards de dollars). Le transport par habitant aux Bahamas était inférieur à celui des États-Unis (4 029,0 de dollars), du Japon (3 655,1 de dollars), du Royaume-Uni (3 572,9 de dollars), de la France (2 955,1 de dollars) et de l'Allemagne (2 803,7 de dollars). La croissance du transport aux Bahamas était inférieure à celle de l'Allemagne (3,4%), du Royaume-Uni (3,1%), des États-Unis (3,1%), de la France (2,7%) et du Japon (1,5%).

Les années 2010

La valeur ajoutée du transport aux Bahamas était de 919,0 millions de dollars par an dans les années 2010, au 127ème rang mondial à égalité avec le Gabon (903,8 millions de dollars), la république du Congo (941,6 millions de dollars). La part dans le monde était de 0,014% et de 0,040% dans les Amériques.

La part du transport dans l'économie des Bahamas était de 8,9% dans les années 2010, au 105ème rang mondial, à égalité avec la Malaisie (8,8%), Cuba (8,8%), le Salvador (8,8%).

Le transport par habitant aux Bahamas était de 2467.3 dollars dans les années 2010, se situant au 35ème rang mondial, à égalité avec l'Europe (2 422,4 de dollars). Le transport par habitant aux Bahamas était 2,9 fois supérieur le transport par habitant au Monde (864,8 US$), et 3,6% supérieur le transport par habitant dans les Amériques (2 381,9 US$).

La croissance du transport aux Bahamas était de 0.3% dans les années 2010, se classant au 193ème rang mondial. La croissance du transport aux Bahamas (0,34%) a été inférieure à celle du monde (4,0%), et inférieure à celle des Amériques (4,7%).

Comparaison avec les voisins. Le secteur du transport aux Bahamas était 11,4 fois supérieur à celui des Îles Turks-et-Caïcos (80,9 millions de dollars); mais 1 946,0 fois inférieur à celui des États-Unis (1,8 billions de dollars) et 8,0 fois inférieur à celui de Cuba (7,4 milliards de dollars). Le transport par habitant aux Bahamas était 8,4% supérieur à celui des Îles Turks-et-Caïcos (2 275,3 de dollars) et 3,8 fois supérieur à celui de Cuba (651,3 de dollars); mais 2,3 fois inférieur à celui des États-Unis (5 597,8 de dollars). La croissance du transport aux Bahamas était inférieure à celle des États-Unis (5,1%), de Cuba (4,5%) et des Îles Turks-et-Caïcos (3,5%).

Comparaison avec les leaders. Le transport des Bahamas était 1 946,0 fois inférieur à celui des États-Unis (1,8 billions de dollars), 576,5 fois inférieur à celui du Japon (529,8 milliards de dollars), 505,1 fois inférieur à celui de la Chine (464,2 milliards de dollars), 326,5 fois inférieur à celui de l'Allemagne (300,0 milliards de dollars) et 280,5 fois inférieur à celui du Royaume-Uni (257,7 milliards de dollars). Le transport par habitant aux Bahamas était 7,5 fois supérieur à celui de la Chine (331,0 de dollars); mais 2,3 fois inférieur à celui des États-Unis (5 597,8 de dollars), 40,4% inférieur à celui du Japon (4 141,7 de dollars), 37,2% inférieur à celui du Royaume-Uni (3 929,2 de dollars) et 32,7% inférieur à celui de l'Allemagne (3 665,2 de dollars). La croissance du transport aux Bahamas était inférieure à celle de la Chine (7,5%), des États-Unis (5,1%), du Royaume-Uni (2,8%), de l'Allemagne (2,7%) et du Japon (0,81%).

Chapitre VIII. Commerce

Commerce de gros et de détail; restaurants et hôtels (ISIC G-H)

La valeur du commerce aux Bahamas est passé de 308,5 millions de dollars par an dans les années 1970 à 2,4 milliards de dollars par an dans les années 2010, c'est-à-dire 2,1 milliards de dollars ou de 7,7 fois. La variation a été de 1,6 milliards de dollars en raison de l'augmentation de 3,1 fois des prix, et de 163,9 millions de dollars en raison de la croissance de productivité de 1,3 fois, et de 304,6 millions de dollars en raison de la croissance démographique. La croissance annuelle moyenne du commerce était de 2,0%. La valeur minimale était de 205,0 millions de dollars en 1970. La valeur maximale était de 2,7 milliards de dollars en 2007.

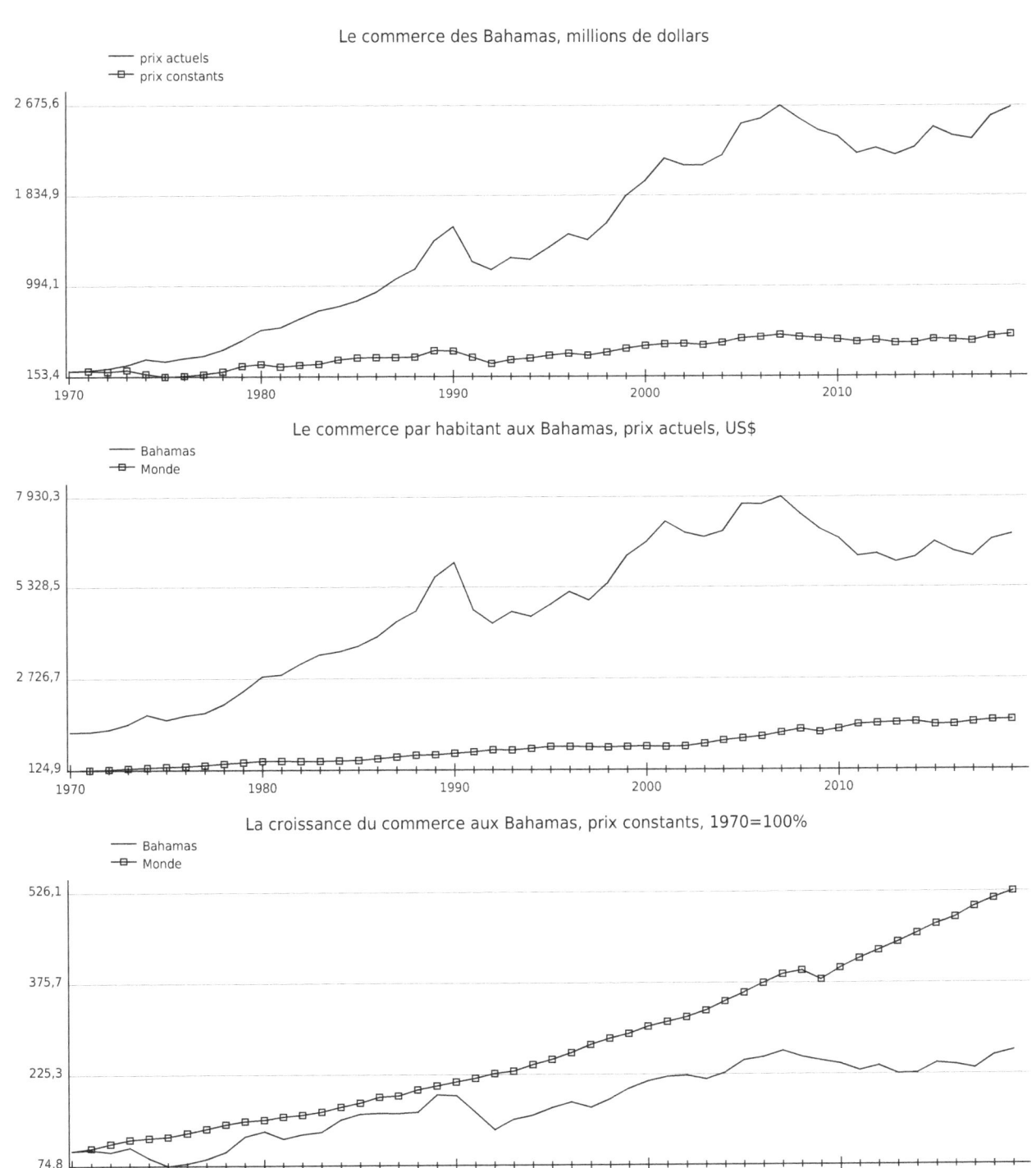

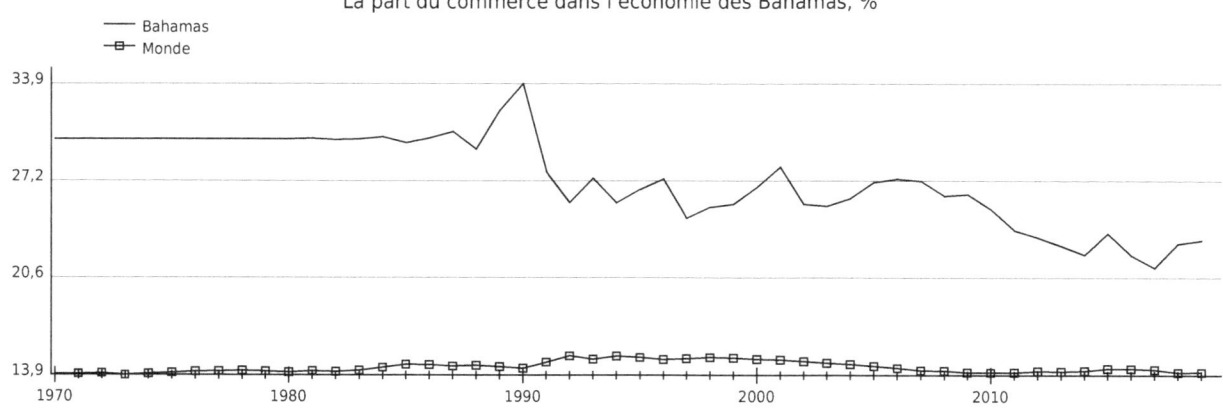

Les années 1970

Le secteur du commerce aux Bahamas était de 308,5 millions de dollars par an dans les années 1970, se classant au 94ème rang mondial à égalité avec l'Afghanistan (307,3 millions de dollars). La part dans le monde était de 0,035% et de 0,084% dans les Amériques.

La part du commerce dans l'économie des Bahamas était de 30,1% dans les années 1970, au 13ème rang mondial.

Le commerce par habitant aux Bahamas était de 1645.9 dollars dans les années 1970, au 6ème rang mondial. Le commerce par habitant aux Bahamas était 7,4 fois supérieur le commerce par habitant au Monde (221,0 US$), et 2,5 fois supérieur le commerce par habitant dans les Amériques (654,8 US$).

La croissance du commerce aux Bahamas était de 2.4% dans les années 1970, se classant au 147ème rang mondial, à égalité avec Montserrat (2,4%). La croissance du commerce aux Bahamas (2,4%) a été inférieure à celle du monde (4,5%), et inférieure à celle des Amériques (4,4%).

Comparaison avec les voisins. La valeur ajoutée du commerce aux Bahamas était supérieure à celle des Îles Turks-et-Caïcos (7,1 millions de dollars); mais inférieure à celle des États-Unis (278,3 milliards de dollars) et de Cuba (3,7 milliards de dollars). Le commerce par habitant aux Bahamas était supérieur à celui des États-Unis (1 275,1 de dollars), des Îles Turks-et-Caïcos (1 061,4 de dollars) et de Cuba (399,1 de dollars). La croissance du commerce aux Bahamas était inférieure à celle des Îles Turks-et-Caïcos (10,7%), de Cuba (5,4%) et des États-Unis (3,9%).

Comparaison avec les leaders. Le commerce des Bahamas était inférieur à celui des États-Unis (278,3 milliards de dollars), du Japon (90,3 milliards de dollars), de l'URSS (62,3 milliards de dollars), de l'Allemagne (61,1 milliards de dollars) et de la France (40,9 milliards de dollars). Le commerce par habitant aux Bahamas était supérieur à celui des États-Unis (1 275,1 de dollars), du Japon (811,1 de dollars), de l'Allemagne (775,5 de dollars), de la France (762,4 de dollars) et de l'URSS (247,1 de dollars). La croissance du commerce aux Bahamas était inférieure à celle du Japon (8,2%), de l'URSS (5,2%), de la France (3,9%), des États-Unis (3,9%) et de l'Allemagne (3,0%).

Les années 1980

La valeur du commerce aux Bahamas était de 887,5 millions de dollars par an dans les années 1980, se situant au 83ème rang mondial à égalité avec le Paraguay (884,3 millions de dollars), le Costa Rica (895,0 millions de dollars), le Luxembourg (899,0 millions de dollars). La part dans le monde était de 0,042% et de 0,11% dans les Amériques.

La part du commerce dans l'économie des Bahamas était de 30,4% dans les années 1980, se situant au 14ème rang mondial, à égalité avec Montserrat (30,4%).

Le commerce par habitant aux Bahamas était de 3829.9 dollars dans les années 1980, au 7ème rang mondial. Le commerce par habitant aux Bahamas était 8,7 fois supérieur le commerce par habitant au Monde (437,7 US$), et 3,0 fois supérieur le commerce par habitant dans les Amériques (1 268,0 US$).

La croissance du commerce aux Bahamas était de 4.5% dans les années 1980, au 43ème rang mondial, à égalité avec la Mauritanie (4,5%). La croissance du commerce aux Bahamas (4,5%) a été supérieure à celle du monde (3,3%), et supérieure à celle des Amériques (3,5%).

Chapitre VIII. Commerce

Comparaison avec les voisins. La valeur ajoutée du commerce aux Bahamas était supérieure à celle des Îles Turks-et-Caïcos (23,4 millions de dollars); mais inférieure à celle des États-Unis (653,3 milliards de dollars) et de Cuba (7,1 milliards de dollars). Le commerce par habitant aux Bahamas était supérieur à celui des États-Unis (2 728,2 de dollars), des Îles Turks-et-Caïcos (2 409,8 de dollars) et de Cuba (702,2 de dollars). La croissance du commerce aux Bahamas était supérieure à celle des États-Unis (4,4%) et de Cuba (3,1%); mais inférieure à celle des Îles Turks-et-Caïcos (10,7%).

Comparaison avec les leaders. Le secteur du commerce aux Bahamas était inférieur à celui des États-Unis (653,3 milliards de dollars), du Japon (277,3 milliards de dollars), de l'Allemagne (116,7 milliards de dollars), de l'URSS (112,3 milliards de dollars) et de l'Italie (95,7 milliards de dollars). Le commerce par habitant aux Bahamas était supérieur à celui des États-Unis (2 728,2 de dollars), du Japon (2 286,5 de dollars), de l'Italie (1 684,2 de dollars), de l'Allemagne (1 496,0 de dollars) et de l'URSS (408,1 de dollars). La croissance du commerce aux Bahamas était supérieure à celle des États-Unis (4,4%), de l'Italie (2,3%), de l'Allemagne (1,8%) et de l'URSS (-0,62%); mais inférieure à celle du Japon (4,9%).

Les années 1990

La valeur ajoutée du commerce aux Bahamas était de 1,4 milliards de dollars par an dans les années 1990, au 88ème rang mondial à égalité avec le Paraguay (1,4 milliards de dollars), la Biélorussie (1,4 milliards de dollars), le Salvador (1,4 milliards de dollars). La part dans le monde était de 0,034% et de 0,094% dans les Amériques.

La part du commerce dans l'économie des Bahamas était de 26,9% dans les années 1990, au 16ème rang mondial, à égalité avec les îles Cook (27,0%), Sainte-Lucie (27,0%).

Le commerce par habitant aux Bahamas était de 5085.3 dollars dans les années 1990, se situant au 14ème rang mondial, à égalité avec Hong Kong (5 125,8 de dollars). Le commerce par habitant aux Bahamas était 7,0 fois supérieur le commerce par habitant au Monde (721,8 US$), et 2,6 fois supérieur le commerce par habitant dans les Amériques (1 943,2 US$).

La croissance du commerce aux Bahamas était de 0.5% dans les années 1990, se situant au 158ème rang mondial. La croissance du commerce aux Bahamas (0,49%) a été inférieure à celle du monde (3,5%), et inférieure à celle des Amériques (3,8%).

Comparaison avec les voisins. La valeur du commerce aux Bahamas était supérieure à celle des Îles Turks-et-Caïcos (74,2 millions de dollars); mais inférieure à celle des États-Unis (1,2 billions de dollars) et de Cuba (6,6 milliards de dollars). Le commerce par habitant aux Bahamas était supérieur à celui des Îles Turks-et-Caïcos (4 742,2 de dollars), des États-Unis (4 395,6 de dollars) et de Cuba (606,0 de dollars). La croissance du commerce aux Bahamas était supérieure à celle de Cuba (-3,9%); mais inférieure à celle des Îles Turks-et-Caïcos (8,5%) et des États-Unis (4,3%).

Comparaison avec les leaders. Le secteur du commerce aux Bahamas était inférieur à celui des États-Unis (1,2 billions de dollars), du Japon (713,2 milliards de dollars), de l'Allemagne (243,7 milliards de dollars), de l'Italie (185,6 milliards de dollars) et de la France (177,0 milliards de dollars). Le commerce par habitant aux Bahamas était supérieur à celui des États-Unis (4 395,6 de dollars), de l'Italie (3 255,0 de dollars), de l'Allemagne (3 021,8 de dollars) et de la France (2 980,3 de dollars); mais inférieur à celui du Japon (5 656,5 de dollars). La croissance du commerce aux Bahamas était inférieure à celle des États-Unis (4,3%), du Japon (3,8%), de l'Allemagne (2,5%), de la France (2,4%) et de l'Italie (1,9%).

Les années 2000

Le commerce des Bahamas était de 2,3 milliards de dollars par an dans les années 2000, se classant au 91ème rang mondial à égalité avec la Jamaïque (2,3 milliards de dollars). La part dans le monde était de 0,036% et de 0,096% dans les Amériques.

La part du commerce dans l'économie des Bahamas était de 26,6% dans les années 2000, se classant au 12ème rang mondial, à égalité avec Hong Kong (26,7%).

Le commerce par habitant aux Bahamas était de 7237.6 dollars dans les années 2000, au 9ème rang mondial, à égalité avec Hong Kong (7 071,0 de dollars). Le commerce par habitant aux Bahamas était 7,3 fois supérieur le commerce par habitant au Monde (990,3 US$), et 2,6 fois supérieur le commerce par habitant dans les Amériques (2 770,2 US$).

La croissance du commerce aux Bahamas était de 2.1% dans les années 2000, se situant au 148ème rang mondial. La croissance du commerce aux Bahamas (2,1%) a été inférieure à celle du monde (2,7%), et supérieure à celle des Amériques (1,6%).

Comparaison avec les voisins. Le secteur du commerce aux Bahamas était supérieur à celui des Îles Turks-et-Caïcos (184,5 millions de dollars); mais inférieur à celui des États-Unis (1,9 billions de dollars) et de Cuba (11,1 milliards de dollars). Le commerce par habitant aux Bahamas était supérieur à celui des Îles Turks-et-Caïcos (6 891,6 de dollars), des États-Unis (6 383,1 de dollars) et de Cuba (992,8 de dollars). La croissance du commerce aux Bahamas était supérieure à celle des États-Unis (1,1%); mais inférieure à celle des Îles Turks-et-Caïcos (5,6%) et de Cuba (4,7%).

Comparaison avec les leaders. La valeur du commerce aux Bahamas était inférieure à celle des États-Unis (1,9 billions de dollars), du Japon (771,8 milliards de dollars), de l'Allemagne (296,0 milliards de dollars), du Royaume-Uni (293,5 milliards de dollars) et de la Chine (262,0 milliards de dollars). Le commerce par habitant aux Bahamas était supérieur à celui des États-Unis (6 383,1 de dollars), du Japon (6 021,3 de dollars), du Royaume-Uni (4 856,7 de dollars), de l'Allemagne (3 637,0 de dollars) et de la Chine (197,5 de dollars). La croissance du commerce aux Bahamas était supérieure à celle de l'Allemagne (1,7%), du Royaume-Uni (1,3%), des États-Unis (1,1%) et du Japon (-0,77%); mais inférieure à celle de la Chine (11,9%).

Les années 2010

Le commerce des Bahamas était de 2,4 milliards de dollars par an dans les années 2010, se classant au 117ème rang mondial. La part dans le monde était de 0,023% et de 0,064% dans les Amériques.

La part du commerce dans l'économie des Bahamas était de 23,0% dans les années 2010, se classant au 25ème rang mondial, à égalité avec le Belize (22,9%), Monaco (22,9%), le Monténégro (23,1%).

Le commerce par habitant aux Bahamas était de 6410.2 dollars dans les années 2010, au 21ème rang mondial, à égalité avec l'Australie (6 377,5 de dollars), l'Irlande (6 337,3 de dollars), l'Islande (6 264,8 de dollars). Le commerce par habitant aux Bahamas était 4,5 fois supérieur le commerce par habitant au Monde (1 436,8 US$), et 68,6% supérieur le commerce par habitant dans les Amériques (3 802,7 US$).

La croissance du commerce aux Bahamas était de 0.6% dans les années 2010, se classant au 183ème rang mondial. La croissance du commerce aux Bahamas (0,64%) a été inférieure à celle du monde (3,3%), et inférieure à celle des Amériques (2,1%).

Comparaison avec les voisins. La valeur ajoutée du commerce aux Bahamas était 7,0 fois supérieure à celle des Îles Turks-et-Caïcos (342,9 millions de dollars); mais 1 095,4 fois inférieure à celle des États-Unis (2,6 billions de dollars) et 8,5 fois inférieure à celle de Cuba (20,4 milliards de dollars). Le commerce par habitant aux Bahamas était 3,6 fois supérieur à celui de Cuba (1 804,1 de dollars); mais 33,5% inférieur à celui des Îles Turks-et-Caïcos (9 639,5 de dollars) et 21,7% inférieur à celui des États-Unis (8 186,4 de dollars). La croissance du commerce aux Bahamas était inférieure à celle des Îles Turks-et-Caïcos (5,7%), de Cuba (3,4%) et des États-Unis (2,3%).

Comparaison avec les leaders. Le secteur du commerce aux Bahamas était 1 095,4 fois inférieur à celui des États-Unis (2,6 billions de dollars), 500,2 fois inférieur à celui de la Chine (1,2 billions de dollars), 364,2 fois inférieur à celui du Japon (869,5 milliards de dollars), 156,0 fois inférieur à celui de l'Allemagne (372,6 milliards de dollars) et 138,2 fois inférieur à celui du Royaume-Uni (330,0 milliards de dollars). Le commerce par habitant aux Bahamas était 27,4% supérieur à celui du Royaume-Uni (5 030,4 de dollars), 40,8% supérieur à celui de l'Allemagne (4 551,8 de dollars) et 7,5 fois supérieur à celui de la Chine (851,7 de dollars); mais 21,7% inférieur à celui des États-Unis (8 186,4 de dollars) et 5,7% inférieur à celui du Japon (6 797,1 de dollars). La croissance du commerce aux Bahamas était inférieure à celle de la Chine (8,9%), du Royaume-Uni (2,8%), des États-Unis (2,3%), de l'Allemagne (2,0%) et du Japon (0,77%).

Chapitre IX. Services

(ISIC J-P)

Le secteur des services aux Bahamas est passé de 484,4 millions de dollars par an dans les années 1970 à 5,5 milliards de dollars par an dans les années 2010, c'est-à-dire 5,0 milliards de dollars ou de 11,4 fois. La variation a été de 4,3 milliards de dollars en raison de l'augmentation de 4,4 fois des prix, et de 288,4 millions de dollars en raison de la croissance de productivité de 1,3 fois, et de 478,4 millions de dollars en raison de la croissance démographique. La croissance annuelle moyenne des services était de 2,0%. La valeur minimale était de 321,9 millions de dollars en 1970. La valeur maximale était de 6,1 milliards de dollars en 2019.

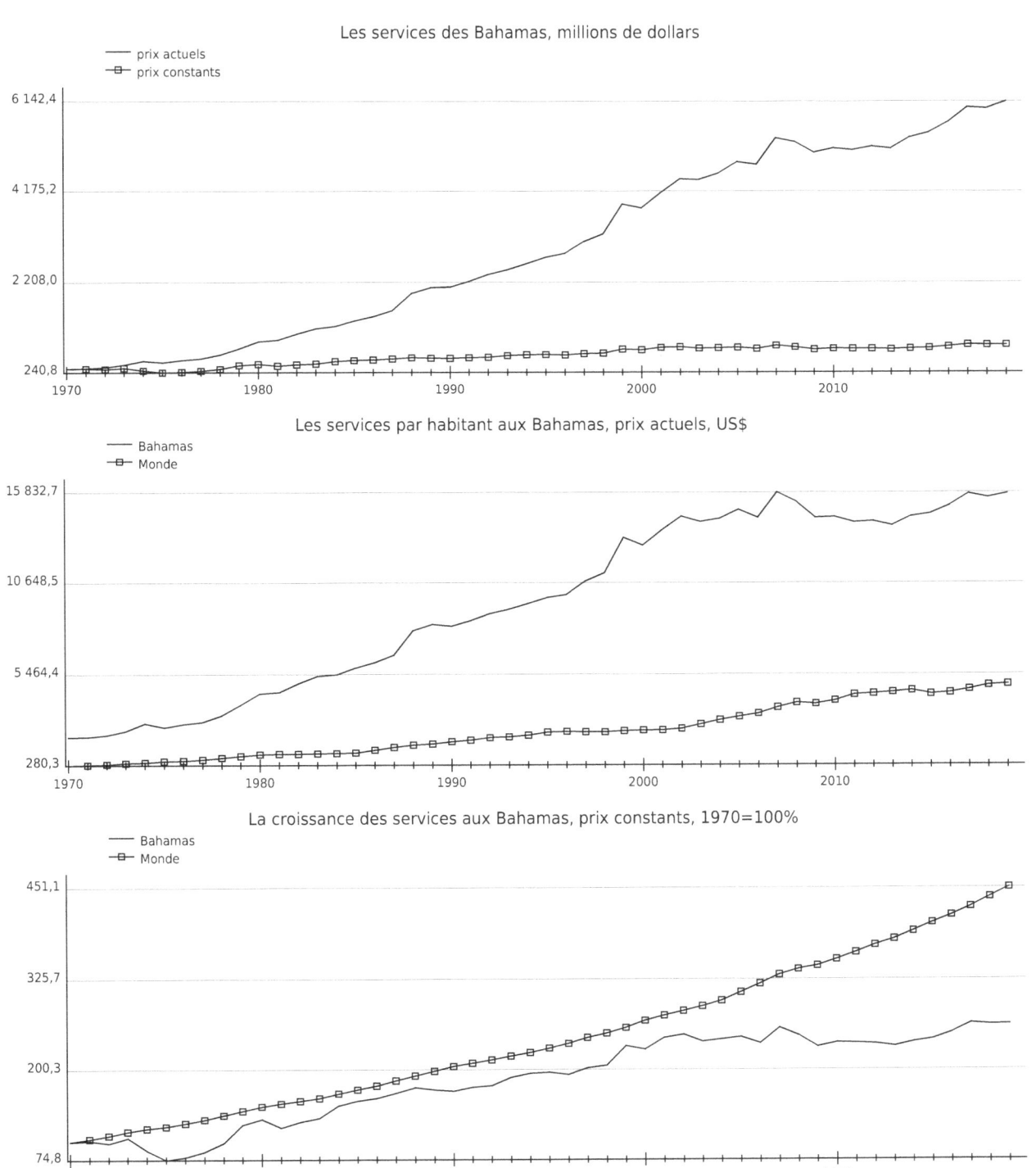

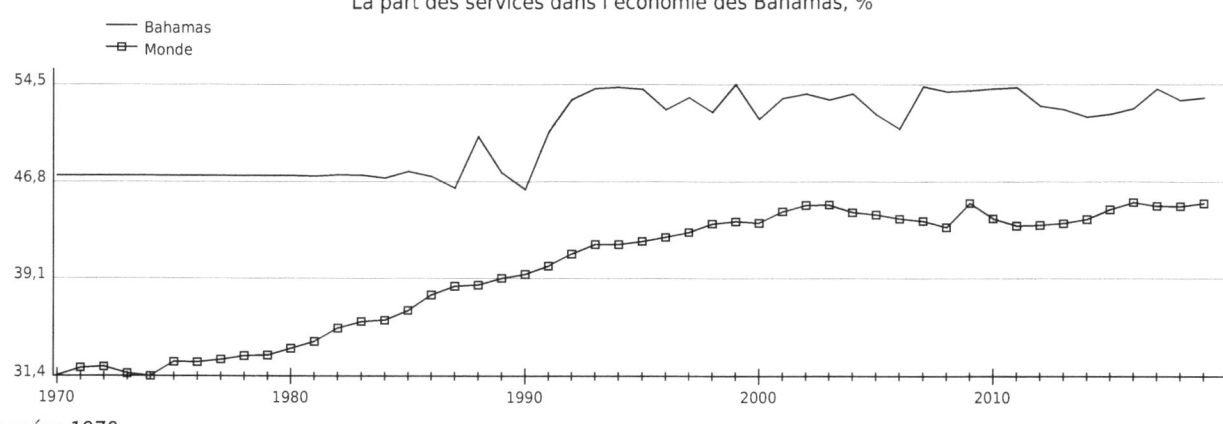

Les années 1970

La valeur ajoutée des services aux Bahamas était de 484,4 millions de dollars par an dans les années 1970, se classant au 98ème rang mondial à égalité avec Trinité-et-Tobago (485,8 millions de dollars). La part dans le monde était de 0,024% et de 0,058% dans les Amériques.

La part des services dans l'économie des Bahamas était de 47,3% dans les années 1970, au 11ème rang mondial.

Les services par habitant aux Bahamas étaient de 2584.9 dollars dans les années 1970, se classant au 15ème rang mondial, à égalité avec la Polynésie française (2 586,2 de dollars), le Qatar (2 619,5 de dollars). Les services par habitant aux Bahamas étaient 5,1 fois supérieures les services par habitant au Monde (506,9 US$), et 72,0% supérieures les services par habitant dans les Amériques (1 502,8 US$).

La croissance des services aux Bahamas était de 2.4% dans les années 1970, se classant au 161ème rang mondial. La croissance des services aux Bahamas (2,4%) a été inférieure à celle du monde (4,1%), et inférieure à celle des Amériques (3,7%).

Comparaison avec les voisins. Les services des Bahamas étaient supérieurs à celles des Îles Turks-et-Caïcos (6,3 millions de dollars); mais inférieurs à celles des États-Unis (674,4 milliards de dollars) et de Cuba (4,1 milliards de dollars). Les services par habitant aux Bahamas étaient supérieurs à celles des Îles Turks-et-Caïcos (938,5 de dollars) et de Cuba (443,7 de dollars); mais inférieurs à celles des États-Unis (3 090,2 de dollars). La croissance des services aux Bahamas était inférieure à celle des Îles Turks-et-Caïcos (10,7%), de Cuba (5,5%) et des États-Unis (3,3%).

Comparaison avec les leaders. Le secteur des services aux Bahamas était inférieur à celui des États-Unis (674,4 milliards de dollars), de l'URSS (168,3 milliards de dollars), du Japon (153,8 milliards de dollars), de l'Allemagne (150,2 milliards de dollars) et de la France (121,8 milliards de dollars). Les services par habitant aux Bahamas étaient supérieurs à celles de la France (2 271,8 de dollars), de l'Allemagne (1 907,6 de dollars), du Japon (1 381,3 de dollars) et de l'URSS (667,3 de dollars); mais inférieures à celles des États-Unis (3 090,2 de dollars). La croissance des services aux Bahamas était supérieure à celle de l'URSS (0,90%); mais inférieure à celle du Japon (5,9%), de l'Allemagne (4,8%), de la France (3,9%) et des États-Unis (3,3%).

Les années 1980

Le secteur des services aux Bahamas était de 1,4 milliards de dollars par an dans les années 1980, au 87ème rang mondial à égalité avec l'Éthiopie (1,4 milliards de dollars). La part dans le monde était de 0,026% et de 0,061% dans les Amériques.

La part des services dans l'économie des Bahamas était de 47,6% dans les années 1980, se situant au 11ème rang mondial, à égalité avec les Fidji (47,7%), Micronésie (47,9%).

Les services par habitant aux Bahamas étaient de 6006.6 dollars dans les années 1980, au 11ème rang mondial, à égalité avec le Qatar (5 903,2 de dollars), le Danemark (6 140,8 de dollars), la Polynésie française (5 862,5 de dollars). Les services par habitant aux Bahamas étaient 5,4 fois supérieures les services par habitant au Monde (1 115,5 US$), et 73,8% supérieures les services par habitant dans les Amériques (3 456,8 US$).

La croissance des services aux Bahamas était de 3.4% dans les années 1980, au 92ème rang mondial, à égalité avec le Honduras (3,3%), l'Algérie (3,3%), le Belize (3,4%). La croissance des services aux Bahamas (3,4%) a été supérieure à celle du monde (3,3%), et supérieure à celle des Amériques (2,8%).

Chapitre IX. Services

Comparaison avec les voisins. Les services des Bahamas étaient supérieures à celles des Îles Turks-et-Caïcos (20,7 millions de dollars); mais inférieures à celles des États-Unis (1,9 billions de dollars) et de Cuba (8,1 milliards de dollars). Les services par habitant aux Bahamas étaient supérieures à celles des Îles Turks-et-Caïcos (2 131,1 de dollars) et de Cuba (805,0 de dollars); mais inférieures à celles des États-Unis (7 844,6 de dollars). La croissance des services aux Bahamas était supérieure à celle des États-Unis (2,8%); mais inférieure à celle des Îles Turks-et-Caïcos (10,7%) et de Cuba (4,6%).

Comparaison avec les leaders. Le secteur des services aux Bahamas était inférieur à celui des États-Unis (1,9 billions de dollars), du Japon (619,9 milliards de dollars), de l'Allemagne (362,2 milliards de dollars), de la France (294,5 milliards de dollars) et du Royaume-Uni (265,4 milliards de dollars). Les services par habitant aux Bahamas étaient supérieures à celles de la France (5 211,0 de dollars), du Japon (5 111,4 de dollars), du Royaume-Uni (4 700,6 de dollars) et de l'Allemagne (4 642,6 de dollars); mais inférieures à celles des États-Unis (7 844,6 de dollars). La croissance des services aux Bahamas était supérieure à celle du Royaume-Uni (3,3%), de l'Allemagne (3,1%), des États-Unis (2,8%) et de la France (2,3%); mais inférieure à celle du Japon (4,8%).

Les années 1990

Les services des Bahamas étaient de 2,8 milliards de dollars par an dans les années 1990, se classant au 86ème rang mondial. La part dans le monde était de 0,024% et de 0,058% dans les Amériques.

La part des services dans l'économie des Bahamas était de 52,7% dans les années 1990, au 7ème rang mondial, à égalité avec le Luxembourg (53,0%), les Îles Marshall (52,3%).

Les services par habitant aux Bahamas étaient de 9976.6 dollars dans les années 1990, au 20ème rang mondial, à égalité avec la Belgique (9 990,0 de dollars). Les services par habitant aux Bahamas étaient 5,0 fois supérieures les services par habitant au Monde (2 014,6 US$), et 61,6% supérieures les services par habitant dans les Amériques (6 173,1 US$).

La croissance des services aux Bahamas était de 3.1% dans les années 1990, se classant au 99ème rang mondial, à égalité avec les Caraïbes (3,1%), la Namibie (3,1%), les Pays-Bas (3,1%). La croissance des services aux Bahamas (3,1%) a été supérieure à celle du monde (2,7%), et supérieure à celle des Amériques (2,4%).

Comparaison avec les voisins. Le secteur des services aux Bahamas était supérieur à celui des Îles Turks-et-Caïcos (66,9 millions de dollars); mais inférieur à celui des États-Unis (3,8 billions de dollars) et de Cuba (9,7 milliards de dollars). Les services par habitant aux Bahamas étaient supérieures à celles des Îles Turks-et-Caïcos (4 276,9 de dollars) et de Cuba (889,2 de dollars); mais inférieures à celles des États-Unis (14 354,4 de dollars). La croissance des services aux Bahamas était supérieure à celle des États-Unis (2,3%) et de Cuba (0,48%); mais inférieure à celle des Îles Turks-et-Caïcos (9,8%).

Comparaison avec les leaders. La valeur des services aux Bahamas était inférieure à celle des États-Unis (3,8 billions de dollars), du Japon (1,6 billions de dollars), de l'Allemagne (908,0 milliards de dollars), de la France (628,2 milliards de dollars) et du Royaume-Uni (592,3 milliards de dollars). Les services par habitant aux Bahamas étaient inférieures à celles des États-Unis (14 354,4 de dollars), du Japon (12 820,4 de dollars), de l'Allemagne (11 259,5 de dollars), de la France (10 578,2 de dollars) et du Royaume-Uni (10 233,8 de dollars). La croissance des services aux Bahamas était supérieure à celle du Royaume-Uni (3,0%), des États-Unis (2,3%), du Japon (1,7%) et de la France (1,6%); mais inférieure à celle de l'Allemagne (3,2%).

Les années 2000

Les services des Bahamas étaient de 4,7 milliards de dollars par an dans les années 2000, se classant au 94ème rang mondial à égalité avec l'Estonie (4,7 milliards de dollars). La part dans le monde était de 0,024% et de 0,056% dans les Amériques.

La part des services dans l'économie des Bahamas était de 53,2% dans les années 2000, se classant au 12ème rang mondial, à égalité avec Hong Kong (53,3%), l'Amérique septentrionale (53,0%), les États-Unis (53,4%).

Les services par habitant aux Bahamas étaient de 14439.8 dollars dans les années 2000, se classant au 24ème rang mondial, à égalité avec Hong Kong (14 148,8 de dollars). Les services par habitant aux Bahamas étaient 4,8 fois supérieures les services par habitant au Monde (3 011,2 US$), et 53,5% supérieures les services par habitant dans les Amériques (9 407,5 US$).

La croissance des services aux Bahamas était de -0.1% dans les années 2000, se situant au 206ème rang mondial. La croissance des services aux Bahamas (-0,063%) a été inférieure à celle du monde (2,9%), et inférieure à celle des Amériques (2,2%).

Comparaison avec les voisins. La valeur des services aux Bahamas était supérieure à celle des Îles Turks-et-Caïcos (193,4 millions de dollars); mais inférieure à celle des États-Unis (6,7 billions de dollars) et de Cuba (17,0 milliards de dollars). Les services par habitant aux Bahamas étaient supérieures à celles des Îles Turks-et-Caïcos (7 221,1 de dollars) et de Cuba (1 512,0 de dollars); mais inférieures à celles des États-Unis (22 883,5 de dollars). La croissance des services aux Bahamas était inférieure à celle de Cuba (8,1%), des Îles Turks-et-Caïcos (7,4%) et des États-Unis (2,0%).

Comparaison avec les leaders. La valeur ajoutée des services aux Bahamas était inférieure à celle des États-Unis (6,7 billions de dollars), du Japon (2,0 billions de dollars), de l'Allemagne (1,2 billions de dollars), du Royaume-Uni (1,1 billions de dollars) et de la France (997,0 milliards de dollars). Les services par habitant aux Bahamas étaient inférieures à celles des États-Unis (22 883,5 de dollars), du Royaume-Uni (18 012,4 de dollars), de la France (15 875,1 de dollars), du Japon (15 302,2 de dollars) et de l'Allemagne (14 979,9 de dollars). La croissance des services aux Bahamas était inférieure à celle du Royaume-Uni (2,7%), des États-Unis (2,0%), de la France (1,5%), du Japon (1,2%) et de l'Allemagne (0,57%).

Les années 2010

La valeur ajoutée des services aux Bahamas était de 5,5 milliards de dollars par an dans les années 2010, se classant au 115ème rang mondial à égalité avec Malte (5,5 milliards de dollars), le Zimbabwe (5,5 milliards de dollars), le Botswana (5,4 milliards de dollars). La part dans le monde était de 0,017% et de 0,043% dans les Amériques.

La part des services dans l'économie des Bahamas était de 53,1% dans les années 2010, au 20ème rang mondial, à égalité avec la Grenade (53,1%), la Belgique (53,3%), Saint-Martin (52,8%).

Les services par habitant aux Bahamas étaient de 14801.7 dollars dans les années 2010, se situant au 35ème rang mondial. Les services par habitant aux Bahamas étaient 3,3 fois supérieures les services par habitant au Monde (4 467,8 US$), et 12,3% supérieures les services par habitant dans les Amériques (13 184,6 US$).

La croissance des services aux Bahamas était de 1.3% dans les années 2010, se situant au 165ème rang mondial. La croissance des services aux Bahamas (1,3%) a été inférieure à celle du monde (2,7%), et inférieure à celle des Amériques (1,8%).

Comparaison avec les voisins. Les services des Bahamas étaient 19,3 fois supérieures à celles des Îles Turks-et-Caïcos (286,2 millions de dollars); mais 1 805,6 fois inférieures à celles des États-Unis (10,0 billions de dollars) et 6,0 fois inférieures à celles de Cuba (32,9 milliards de dollars). Les services par habitant aux Bahamas étaient 84,0% supérieures à celles des Îles Turks-et-Caïcos (8 046,5 de dollars) et 5,1 fois supérieures à celles de Cuba (2 916,0 de dollars); mais 2,1 fois inférieures à celles des États-Unis (31 159,6 de dollars). La croissance des services aux Bahamas était supérieure à celle des Îles Turks-et-Caïcos (0,63%); mais inférieure à celle des États-Unis (1,8%) et de Cuba (1,5%).

Comparaison avec les leaders. La valeur ajoutée des services aux Bahamas était 1 805,6 fois inférieure à celle des États-Unis (10,0 billions de dollars), 643,3 fois inférieure à celle de la Chine (3,5 billions de dollars), 412,3 fois inférieure à celle du Japon (2,3 billions de dollars), 291,6 fois inférieure à celle de l'Allemagne (1,6 billions de dollars) et 245,9 fois inférieure à celle du Royaume-Uni (1,4 billions de dollars). Les services par habitant aux Bahamas étaient 5,9 fois supérieures à celles de la Chine (2 529,2 de dollars); mais 2,1 fois inférieures à celles des États-Unis (31 159,6 de dollars), 28,4% inférieures à celles du Royaume-Uni (20 663,8 de dollars), 24,6% inférieures à celles de l'Allemagne (19 637,7 de dollars) et 16,7% inférieures à celles du Japon (17 771,8 de dollars). La croissance des services aux Bahamas était supérieure à celle de l'Allemagne (1,2%) et du Japon (0,99%); mais inférieure à celle de la Chine (8,4%), des États-Unis (1,8%) et du Royaume-Uni (1,7%).

Partie III. Relations extérieures

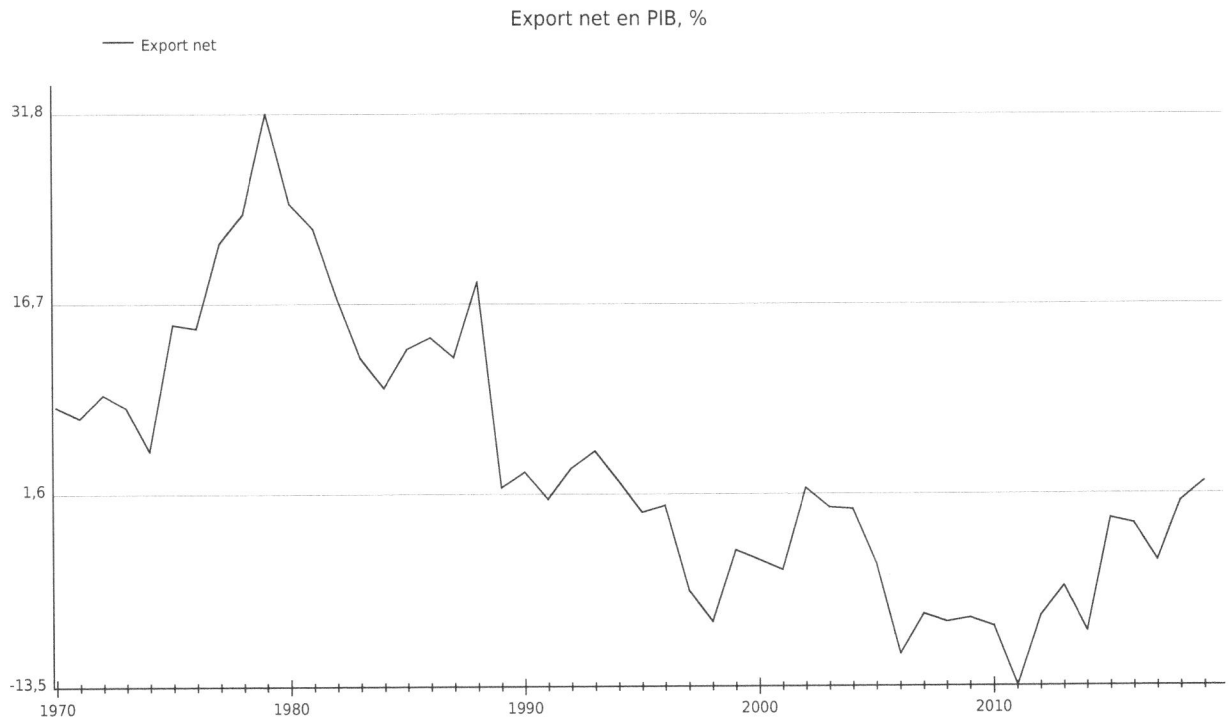

Chapitre X. Exportations

La valeur des exportations aux Bahamas est passé de 826,0 millions de dollars par an dans les années 1970 à 4,4 milliards de dollars par an dans les années 2010, c'est-à-dire 3,5 milliards de dollars ou de 5,3 fois. La variation a été de 3,0 milliards de dollars en raison de l'augmentation de 3,1 fois des prix, et de -226,1 millions de dollars en raison de la baisse du taux par habitant de 1,2 fois, et de 815,7 millions de dollars en raison de la croissance démographique. La croissance annuelle moyenne des exportations était de 1,3%. La valeur minimale était de 588,0 millions de dollars en 1970. La valeur maximale était de 5,3 milliards de dollars en 2019.

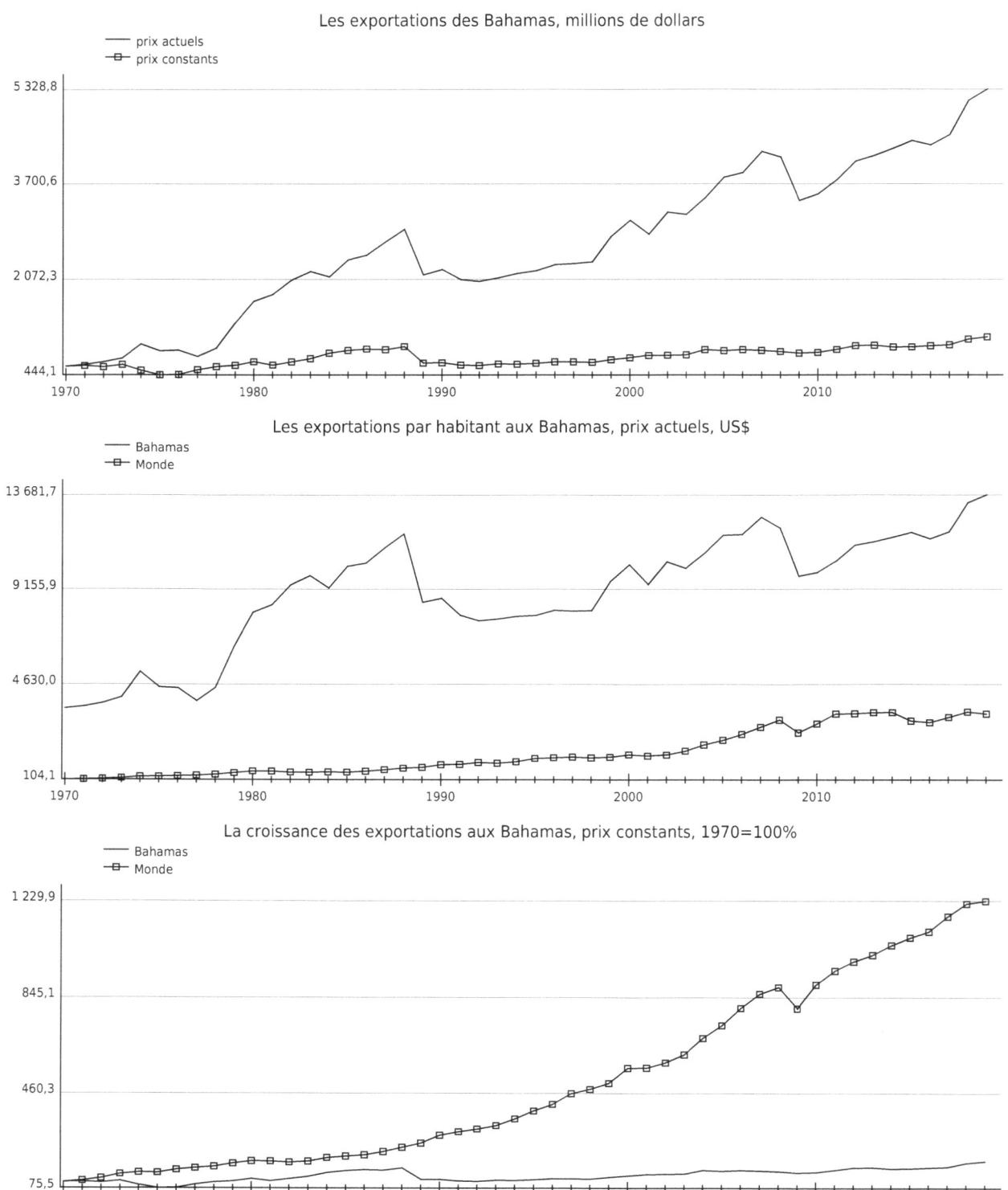

Chapitre X. Exportations

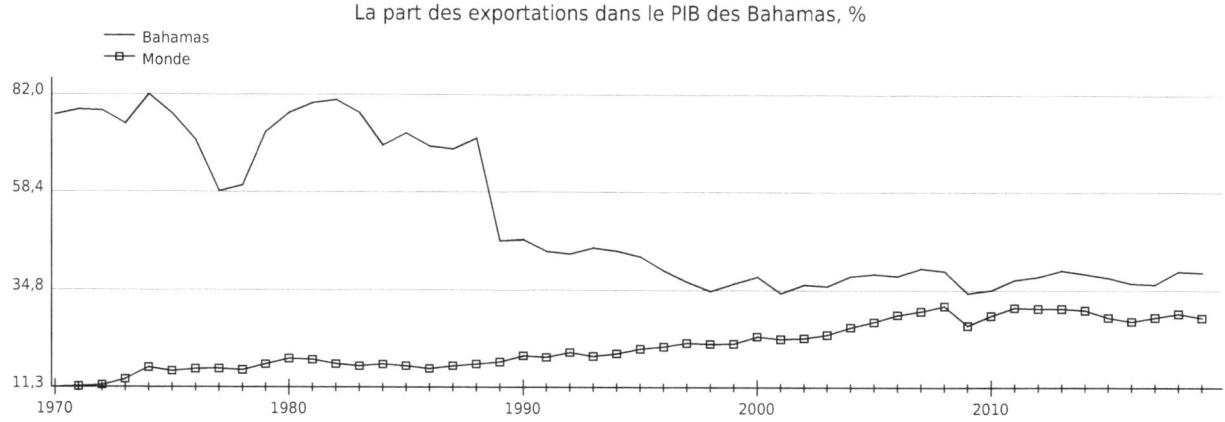

Les années 1970

La valeur des exportations aux Bahamas était de 826,0 millions de dollars par an dans les années 1970, se classant au 83ème rang mondial à égalité avec le Liban (806,2 millions de dollars). La part dans le monde était de 0,085% et de 0,37% dans les Amériques.

La part des exportations dans le PIB des Bahamas était de 71,9% dans les années 1970, se classant au 16ème rang mondial, à égalité avec les Maldives (71,3%).

Les exportations par habitant aux Bahamas étaient de 4407.5 dollars dans les années 1970, au 11ème rang mondial, à égalité avec les Bermudes (4 434,6 de dollars). Les exportations par habitant aux Bahamas étaient 18,2 fois supérieures les exportations par habitant au Monde (242,1 US$), et 11,1 fois supérieures les exportations par habitant dans les Amériques (397,2 US$).

La croissance des exportations aux Bahamas était de 0.3% dans les années 1970, se situant au 156ème rang mondial. La croissance des exportations aux Bahamas (0,34%) a été inférieure à celle du monde (6,5%), et inférieure à celle des Amériques (6,4%).

Comparaison avec les voisins. La valeur des exportations aux Bahamas était supérieure à celle des Îles Turks-et-Caïcos (10,9 millions de dollars); mais inférieure à celle des États-Unis (128,0 milliards de dollars) et de Cuba (3,9 milliards de dollars). Les exportations par habitant aux Bahamas étaient supérieures à celles des Îles Turks-et-Caïcos (1 621,3 de dollars), des États-Unis (586,5 de dollars) et de Cuba (421,7 de dollars). La croissance des exportations aux Bahamas était inférieure à celle des Îles Turks-et-Caïcos (10,7%), des États-Unis (6,8%) et de Cuba (5,4%).

Comparaison avec les leaders. La valeur des exportations aux Bahamas était inférieure à celle des États-Unis (128,0 milliards de dollars), de l'Allemagne (82,9 milliards de dollars), de la France (64,3 milliards de dollars), du Japon (64,1 milliards de dollars) et du Royaume-Uni (61,3 milliards de dollars). Les exportations par habitant aux Bahamas étaient supérieures à celles de la France (1 199,1 de dollars), du Royaume-Uni (1 094,1 de dollars), de l'Allemagne (1 052,2 de dollars), des États-Unis (586,5 de dollars) et du Japon (575,8 de dollars). La croissance des exportations aux Bahamas était inférieure à celle du Japon (8,6%), de la France (7,8%), des États-Unis (6,8%), de l'Allemagne (5,1%) et du Royaume-Uni (5,0%).

Les années 1980

La valeur des exportations aux Bahamas était de 2,3 milliards de dollars par an dans les années 1980, se classant au 74ème rang mondial à égalité avec Chypre (2,3 milliards de dollars). La part dans le monde était de 0,088% et de 0,38% dans les Amériques.

La part des exportations dans le PIB des Bahamas était de 69,6% dans les années 1980, se classant au 16ème rang mondial, à égalité avec les îles Cook (69,6%), Chypre (70,2%).

Les exportations par habitant aux Bahamas étaient de 9732.5 dollars dans les années 1980, se classant au 12ème rang mondial. Les exportations par habitant aux Bahamas étaient 18,4 fois supérieures les exportations par habitant au Monde (529,9 US$), et 10,9 fois supérieures les exportations par habitant dans les Amériques (890,9 US$).

La croissance des exportations aux Bahamas était de 0.6% dans les années 1980, se situant au 142ème rang mondial, à égalité avec l'Est (0,63%). La croissance des exportations aux Bahamas (0,64%) a été inférieure à celle du monde (3,8%), et inférieure à celle des Amériques (5,1%).

Comparaison avec les voisins. La valeur des exportations aux Bahamas était supérieure à celle des Îles Turks-et-Caïcos (35,8 millions de dollars); mais inférieure à celle des États-Unis (338,6 milliards de dollars) et de Cuba (7,6 milliards de dollars). Les exportations par habitant aux Bahamas étaient supérieures à celles des Îles Turks-et-Caïcos (3 680,7 de dollars), des États-Unis (1 413,8 de dollars) et de Cuba (749,6 de dollars). La croissance des exportations aux Bahamas était inférieure à celle des Îles Turks-et-Caïcos (10,8%), des États-Unis (5,7%) et de Cuba (3,2%).

Comparaison avec les leaders. Les exportations des Bahamas étaient inférieures à celles des États-Unis (338,6 milliards de dollars), du Japon (210,6 milliards de dollars), de l'Allemagne (208,1 milliards de dollars), de la France (155,9 milliards de dollars) et du Royaume-Uni (155,0 milliards de dollars). Les exportations par habitant aux Bahamas étaient supérieures à celles de la France (2 757,6 de dollars), du Royaume-Uni (2 744,8 de dollars), de l'Allemagne (2 667,0 de dollars), du Japon (1 736,5 de dollars) et des États-Unis (1 413,8 de dollars). La croissance des exportations aux Bahamas était inférieure à celle du Japon (6,7%), des États-Unis (5,7%), de l'Allemagne (4,7%), de la France (4,0%) et du Royaume-Uni (3,0%).

Les années 1990

Les exportations des Bahamas étaient de 2,3 milliards de dollars par an dans les années 1990, au 108ème rang mondial à égalité avec le Brunei (2,3 milliards de dollars), Maurice (2,3 milliards de dollars). La part dans le monde était de 0,039% et de 0,18% dans les Amériques.

La part des exportations dans le PIB des Bahamas était de 40,8% dans les années 1990, se situant au 70ème rang mondial, à égalité avec la Bulgarie (40,5%), la Lettonie (41,1%).

Les exportations par habitant aux Bahamas étaient de 8188 dollars dans les années 1990, au 27ème rang mondial, à égalité avec Bahreïn (8 026,5 de dollars). Les exportations par habitant aux Bahamas étaient 8,0 fois supérieures les exportations par habitant au Monde (1 029,5 US$), et 4,9 fois supérieures les exportations par habitant dans les Amériques (1 662,5 US$).

La croissance des exportations aux Bahamas était de 0.8% dans les années 1990, se situant au 163ème rang mondial. La croissance des exportations aux Bahamas (0,82%) a été inférieure à celle du monde (6,9%), et inférieure à celle des Amériques (7,3%).

Comparaison avec les voisins. Les exportations des Bahamas étaient supérieures à celles des Îles Turks-et-Caïcos (120,0 millions de dollars); mais inférieures à celles des États-Unis (773,6 milliards de dollars) et de Cuba (4,4 milliards de dollars). Les exportations par habitant aux Bahamas étaient supérieures à celles des Îles Turks-et-Caïcos (7 670,3 de dollars), des États-Unis (2 925,3 de dollars) et de Cuba (404,7 de dollars). La croissance des exportations aux Bahamas était supérieure à celle de Cuba (0,56%); mais inférieure à celle des Îles Turks-et-Caïcos (11,1%) et des États-Unis (7,2%).

Comparaison avec les leaders. La valeur des exportations aux Bahamas était inférieure à celle des États-Unis (773,6 milliards de dollars), de l'Allemagne (509,0 milliards de dollars), du Japon (418,7 milliards de dollars), de la France (329,8 milliards de dollars) et du Royaume-Uni (324,3 milliards de dollars). Les exportations par habitant aux Bahamas étaient supérieures à celles de l'Allemagne (6 311,2 de dollars), du Royaume-Uni (5 602,2 de dollars), de la France (5 553,9 de dollars), du Japon (3 320,8 de dollars) et des États-Unis (2 925,3 de dollars). La croissance des exportations aux Bahamas était inférieure à celle des États-Unis (7,2%), de la France (6,5%), de l'Allemagne (6,0%), du Royaume-Uni (5,7%) et du Japon (4,2%).

Les années 2000

Les exportations des Bahamas étaient de 3,5 milliards de dollars par an dans les années 2000, se situant au 117ème rang mondial. La part dans le monde était de 0,028% et de 0,14% dans les Amériques.

La structure des exportations: produits primaires (11,9%), articles manufacturés provenant de ressources naturelles (39,7%), articles manufacturés à faible technologie (1,3%), articles manufacturés de technologie moyenne (38,5%), articles manufacturés à haute technologie (1,2%).

Les Bahamas a exporté des marchandises vers les États-Unis (33,1%), la Pologne (15,2%), l'Espagne (7,6%), l'Allemagne (6,9%), Singapour (5,9%) et d'autres pays (31,4%).

La part des exportations dans le PIB des Bahamas était de 37,4% dans les années 2000, au 96ème rang mondial, à égalité avec la Corée du Sud (37,4%), la Jamaïque (37,5%), le Groenland (37,3%).

Les exportations par habitant aux Bahamas étaient de 10936.6 dollars dans les années 2000, se classant au 36ème rang mondial. Les exportations par habitant aux Bahamas étaient 5,7 fois supérieures les exportations par habitant au Monde (1 933,7 US$), et 3,9 fois supérieures les exportations par habitant dans les Amériques (2 781,7 US$).

Chapitre X. Exportations

La croissance des exportations aux Bahamas était de 1.5% dans les années 2000, au 165ème rang mondial, à égalité avec l'Arabie saoudite (1,5%). La croissance des exportations aux Bahamas (1,5%) a été inférieure à celle du monde (4,8%), et inférieure à celle des Amériques (2,9%).

Comparaison avec les voisins. Les exportations des Bahamas étaient supérieures à celles des Îles Turks-et-Caïcos (392,4 millions de dollars); mais inférieures à celles des États-Unis (1,3 billions de dollars) et de Cuba (7,7 milliards de dollars). Les exportations par habitant aux Bahamas étaient supérieures à celles des États-Unis (4 488,4 de dollars) et de Cuba (688,4 de dollars); mais inférieures à celles des Îles Turks-et-Caïcos (14 655,9 de dollars). La croissance des exportations aux Bahamas était inférieure à celle de Cuba (10,1%), des Îles Turks-et-Caïcos (5,7%) et des États-Unis (3,3%).

Comparaison avec les leaders. Les exportations des Bahamas étaient inférieures à celles des États-Unis (1,3 billions de dollars), de l'Allemagne (1,0 billions de dollars), de la Chine (780,2 milliards de dollars), du Japon (626,3 milliards de dollars) et du Royaume-Uni (591,1 milliards de dollars). Les exportations par habitant aux Bahamas étaient supérieures à celles du Royaume-Uni (9 780,7 de dollars), du Japon (4 886,4 de dollars), des États-Unis (4 488,4 de dollars) et de la Chine (588,1 de dollars); mais inférieures à celles de l'Allemagne (12 836,9 de dollars). La croissance des exportations aux Bahamas était inférieure à celle de la Chine (12,7%), de l'Allemagne (5,0%), du Japon (3,5%), des États-Unis (3,3%) et du Royaume-Uni (2,8%).

Les années 2010

La valeur des exportations aux Bahamas était de 4,4 milliards de dollars par an dans les années 2010, au 129ème rang mondial à égalité avec le Soudan du Sud (4,4 milliards de dollars), le Sénégal (4,4 milliards de dollars). La part dans le monde était de 0,019% et de 0,11% dans les Amériques.

La structure des exportations: produits primaires (10,9%), articles manufacturés provenant de ressources naturelles (37,4%), articles manufacturés à faible technologie (1,1%), articles manufacturés de technologie moyenne (44,1%), articles manufacturés à haute technologie (1,2%).

Les Bahamas a exporté des marchandises vers les États-Unis (24,9%), la Pologne (20,7%), la Côte d'Ivoire (8,2%), Singapour (7,2%), la République dominicaine (6,1%) et d'autres pays (32,9%).

La part des exportations dans le PIB des Bahamas était de 37,9% dans les années 2010, se classant au 103ème rang mondial, à égalité avec la Barbade (38,0%), la Finlande (37,8%), la Zambie (38,1%).

Les exportations par habitant aux Bahamas étaient de 11729.6 dollars dans les années 2010, se situant au 50ème rang mondial, à égalité avec la Nouvelle-Zélande (11 547,3 de dollars). Les exportations par habitant aux Bahamas étaient 3,8 fois supérieures les exportations par habitant au Monde (3 098,9 US$), et 2,8 fois supérieures les exportations par habitant dans les Amériques (4 197,2 US$).

La croissance des exportations aux Bahamas était de 3% dans les années 2010, se situant au 135ème rang mondial, à égalité avec le Népal (2,9%), le Groenland (3,0%), le Gabon (3,0%). La croissance des exportations aux Bahamas (3,0%) a été inférieure à celle du monde (4,4%), et inférieure à celle des Amériques (3,6%).

Comparaison avec les voisins. Les exportations des Bahamas étaient 6,2 fois supérieures à celles des Îles Turks-et-Caïcos (703,0 millions de dollars); mais 519,5 fois inférieures à celles des États-Unis (2,3 billions de dollars) et 3,7 fois inférieures à celles de Cuba (16,0 milliards de dollars). Les exportations par habitant aux Bahamas étaient 65,1% supérieures à celles des États-Unis (7 104,2 de dollars) et 8,3 fois supérieures à celles de Cuba (1 413,8 de dollars); mais 40,6% inférieures à celles des Îles Turks-et-Caïcos (19 762,2 de dollars). La croissance des exportations aux Bahamas était supérieure à celle de Cuba (-1,2%); mais inférieure à celle des Îles Turks-et-Caïcos (4,4%) et des États-Unis (3,7%).

Comparaison avec les leaders. Les exportations des Bahamas étaient 524,9 fois inférieures à celles de la Chine (2,3 billions de dollars), 519,5 fois inférieures à celles des États-Unis (2,3 billions de dollars), 385,3 fois inférieures à celles de l'Allemagne (1,7 billions de dollars), 196,7 fois inférieures à celles du Japon (859,4 milliards de dollars) et 186,6 fois inférieures à celles du Royaume-Uni (815,1 milliards de dollars). Les exportations par habitant aux Bahamas étaient 65,1% supérieures à celles des États-Unis (7 104,2 de dollars), 74,6% supérieures à celles du Japon (6 718,2 de dollars) et 7,2 fois supérieures à celles de la Chine (1 635,3 de dollars); mais 43,0% inférieures à celles de l'Allemagne (20 563,4 de dollars) et 5,6% inférieures à celles du Royaume-Uni (12 425,4 de dollars). La croissance des exportations aux Bahamas était inférieure à celle de la Chine (6,8%), de l'Allemagne (4,7%), du Japon (4,6%), des États-Unis (3,7%) et du Royaume-Uni (3,1%).

Chapitre XI. Importations

Les importations des Bahamas sont passés de 635,1 millions de dollars par an dans les années 1970 à 4,9 milliards de dollars par an dans les années 2010, c'est-à-dire 4,2 milliards de dollars ou de 7,6 fois. La variation a été de 3,0 milliards de dollars en raison de l'augmentation de 2,6 fois des prix, et de 631,8 millions de dollars en raison de la croissance du taux par habitant de 1,5 fois, et de 627,2 millions de dollars en raison de la croissance démographique. La croissance annuelle moyenne des importations était de 2,3%. La valeur minimale était de 477,9 millions de dollars en 1977. La valeur maximale était de 5,3 milliards de dollars en 2014.

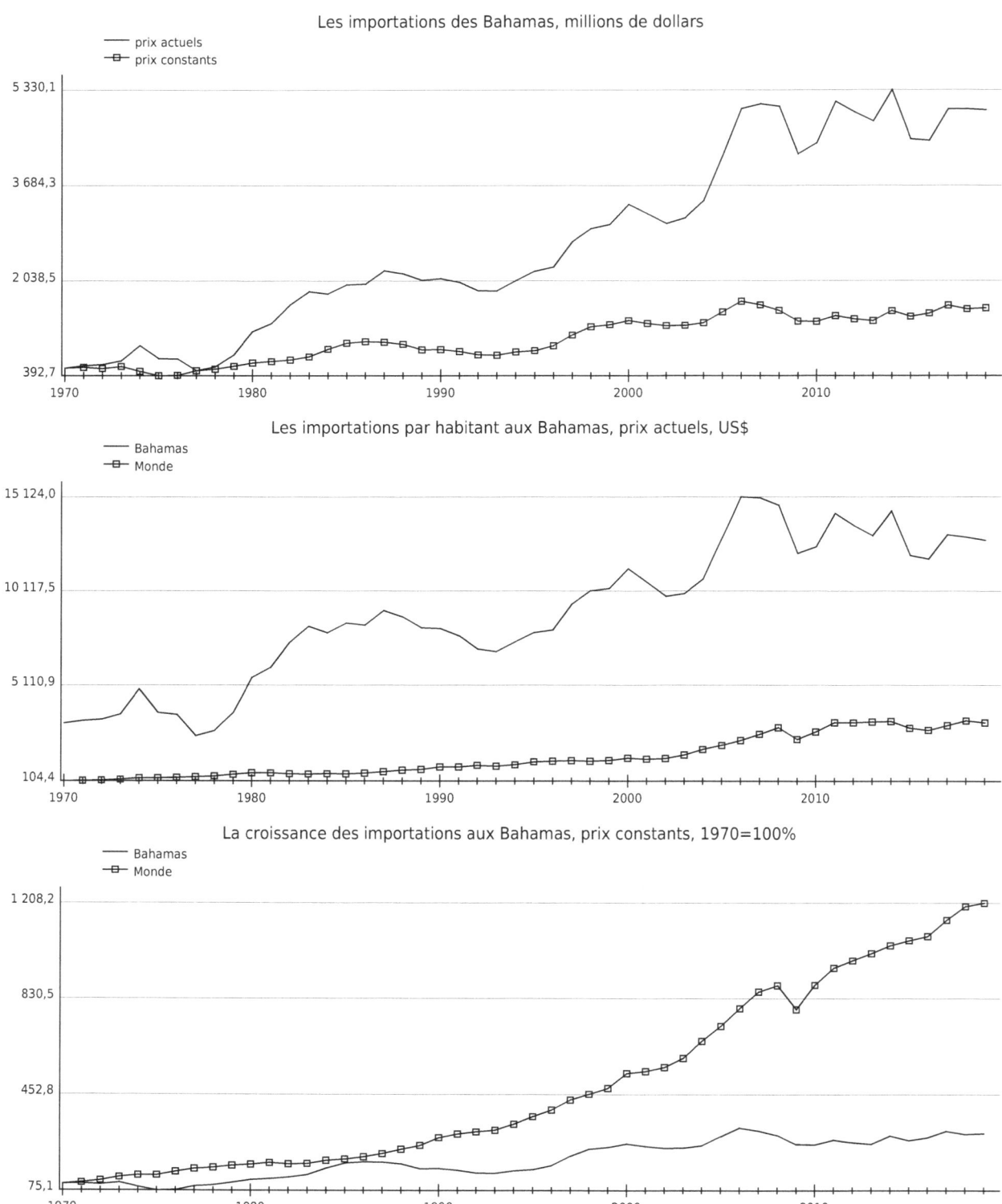

Chapitre XI. Importations

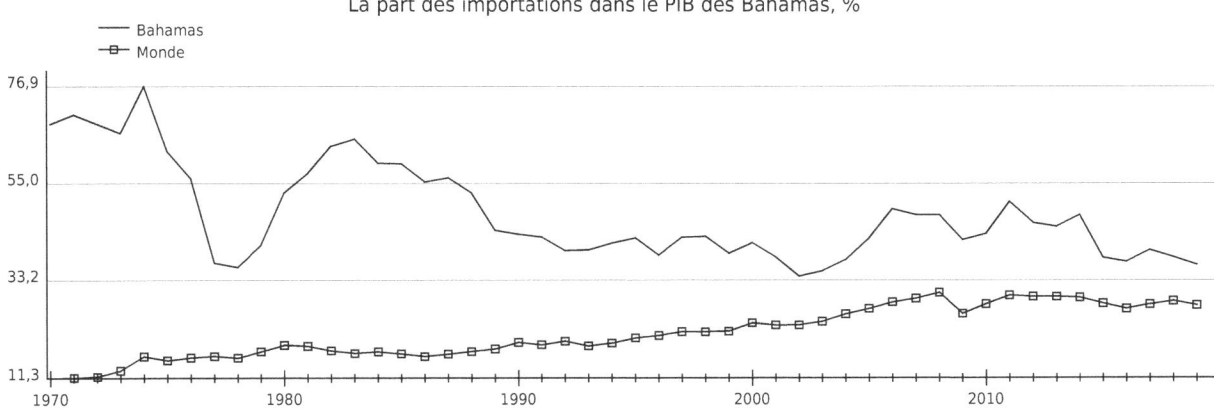

Les années 1970

Les importations des Bahamas étaient de 635,1 millions de dollars par an dans les années 1970, se situant au 93ème rang mondial à égalité avec la Namibie (631,2 millions de dollars), la Tanzanie (644,5 millions de dollars), le Soudan (622,3 millions de dollars). La part dans le monde était de 0,064% et de 0,27% dans les Amériques.

La part des importations dans le PIB des Bahamas était de 55,3% dans les années 1970, se classant au 45ème rang mondial, à égalité avec les Maldives (55,6%), la Dominique (55,6%), la Guinée équatoriale (55,7%).

Les importations par habitant aux Bahamas étaient de 3388.9 dollars dans les années 1970, au 14ème rang mondial. Les importations par habitant aux Bahamas étaient 13,9 fois supérieures les importations par habitant au Monde (244,3 US$), et 8,0 fois supérieures les importations par habitant dans les Amériques (421,7 US$).

La croissance des importations aux Bahamas était de 0.6% dans les années 1970, au 165ème rang mondial. La croissance des importations aux Bahamas (0,64%) a été inférieure à celle du monde (6,3%), et inférieure à celle des Amériques (5,4%).

Comparaison avec les voisins. La valeur des importations aux Bahamas était supérieure à celle des Îles Turks-et-Caïcos (12,3 millions de dollars); mais inférieure à celle des États-Unis (133,2 milliards de dollars) et de Cuba (5,3 milliards de dollars). Les importations par habitant aux Bahamas étaient supérieures à celles des Îles Turks-et-Caïcos (1 831,6 de dollars), des États-Unis (610,4 de dollars) et de Cuba (571,1 de dollars). La croissance des importations aux Bahamas était inférieure à celle des Îles Turks-et-Caïcos (10,6%), de Cuba (5,4%) et des États-Unis (5,1%).

Comparaison avec les leaders. La valeur des importations aux Bahamas était inférieure à celle des États-Unis (133,2 milliards de dollars), de l'Allemagne (92,5 milliards de dollars), de la France (63,3 milliards de dollars), du Royaume-Uni (62,4 milliards de dollars) et du Japon (61,0 milliards de dollars). Les importations par habitant aux Bahamas étaient supérieures à celles de la France (1 181,1 de dollars), de l'Allemagne (1 175,1 de dollars), du Royaume-Uni (1 113,2 de dollars), des États-Unis (610,4 de dollars) et du Japon (547,6 de dollars). La croissance des importations aux Bahamas était inférieure à celle de la France (7,2%), du Japon (7,0%), de l'Allemagne (5,6%), des États-Unis (5,1%) et du Royaume-Uni (4,5%).

Les années 1980

Les importations des Bahamas étaient de 1,8 milliards de dollars par an dans les années 1980, se situant au 83ème rang mondial à égalité avec le Costa Rica (1,8 milliards de dollars), le Zimbabwe (1,9 milliards de dollars). La part dans le monde était de 0,070% et de 0,28% dans les Amériques.

La part des importations dans le PIB des Bahamas était de 55,9% dans les années 1980, au 47ème rang mondial, à égalité avec les Palaos (56,0%), d'Anguilla (56,1%), les Îles Caïmans (56,2%).

Les importations par habitant aux Bahamas étaient de 7819.9 dollars dans les années 1980, se situant au 11ème rang mondial, à égalité avec Bahreïn (7 846,3 de dollars), Hong Kong (7 720,1 de dollars). Les importations par habitant aux Bahamas étaient 14,5 fois supérieures les importations par habitant au Monde (539,1 US$), et 7,9 fois supérieures les importations par habitant dans les Amériques (984,9 US$).

La croissance des importations aux Bahamas était de 4.3% dans les années 1980, se situant au 61ème rang mondial, à égalité avec l'Ouganda (4,2%), la Nouvelle-Zélande (4,2%), Saint-Vincent-et-les-Grenadines (4,2%). La croissance des importations aux Bahamas

(4,3%) a été supérieure à celle du monde (3,8%), et supérieure à celle des Amériques (3,8%).

Comparaison avec les voisins. La valeur des importations aux Bahamas était supérieure à celle des Îles Turks-et-Caïcos (40,4 millions de dollars); mais inférieure à celle des États-Unis (417,2 milliards de dollars) et de Cuba (10,3 milliards de dollars). Les importations par habitant aux Bahamas étaient supérieures à celles des Îles Turks-et-Caïcos (4 160,8 de dollars), des États-Unis (1 742,4 de dollars) et de Cuba (1 020,7 de dollars). La croissance des importations aux Bahamas était supérieure à celle de Cuba (3,8%); mais inférieure à celle des Îles Turks-et-Caïcos (10,9%) et des États-Unis (5,8%).

Comparaison avec les leaders. La valeur des importations aux Bahamas était inférieure à celle des États-Unis (417,2 milliards de dollars), de l'Allemagne (225,6 milliards de dollars), du Japon (175,9 milliards de dollars), de la France (162,0 milliards de dollars) et du Royaume-Uni (157,7 milliards de dollars). Les importations par habitant aux Bahamas étaient supérieures à celles de l'Allemagne (2 891,9 de dollars), de la France (2 867,2 de dollars), du Royaume-Uni (2 793,0 de dollars), des États-Unis (1 742,4 de dollars) et du Japon (1 450,4 de dollars). La croissance des importations aux Bahamas était supérieure à celle de l'Allemagne (3,3%); mais inférieure à celle des États-Unis (5,8%), du Royaume-Uni (5,1%), du Japon (4,6%) et de la France (4,3%).

Les années 1990

La valeur des importations aux Bahamas était de 2,3 milliards de dollars par an dans les années 1990, se classant au 110ème rang mondial à égalité avec Trinité-et-Tobago (2,3 milliards de dollars), la Palestine (2,3 milliards de dollars). La part dans le monde était de 0,040% et de 0,16% dans les Amériques.

La part des importations dans le PIB des Bahamas était de 41,4% dans les années 1990, au 96ème rang mondial, à égalité avec Trinité-et-Tobago (41,7%), la Tunisie (41,7%).

Les importations par habitant aux Bahamas étaient de 8319.2 dollars dans les années 1990, se classant au 25ème rang mondial. Les importations par habitant aux Bahamas étaient 8,2 fois supérieures les importations par habitant au Monde (1 015,5 US$), et 4,6 fois supérieures les importations par habitant dans les Amériques (1 812,7 US$).

La croissance des importations aux Bahamas était de 4.3% dans les années 1990, au 108ème rang mondial, à égalité avec le Liban (4,3%), l'Asie de l'Ouest (4,3%). La croissance des importations aux Bahamas (4,3%) a été inférieure à celle du monde (6,6%), et inférieure à celle des Amériques (8,2%).

Comparaison avec les voisins. Les importations des Bahamas étaient supérieures à celles des Îles Turks-et-Caïcos (110,6 millions de dollars); mais inférieures à celles des États-Unis (874,1 milliards de dollars) et de Cuba (5,4 milliards de dollars). Les importations par habitant aux Bahamas étaient supérieures à celles des Îles Turks-et-Caïcos (7 070,0 de dollars), des États-Unis (3 305,6 de dollars) et de Cuba (495,2 de dollars). La croissance des importations aux Bahamas était supérieure à celle de Cuba (-6,4%); mais inférieure à celle des États-Unis (8,3%) et des Îles Turks-et-Caïcos (6,4%).

Comparaison avec les leaders. Les importations des Bahamas étaient inférieures à celles des États-Unis (874,1 milliards de dollars), de l'Allemagne (501,6 milliards de dollars), du Japon (355,9 milliards de dollars), du Royaume-Uni (330,2 milliards de dollars) et de la France (308,5 milliards de dollars). Les importations par habitant aux Bahamas étaient supérieures à celles de l'Allemagne (6 220,3 de dollars), du Royaume-Uni (5 705,3 de dollars), de la France (5 194,4 de dollars), des États-Unis (3 305,6 de dollars) et du Japon (2 822,9 de dollars). La croissance des importations aux Bahamas était supérieure à celle du Japon (3,3%); mais inférieure à celle des États-Unis (8,3%), de l'Allemagne (6,4%), de la France (5,1%) et du Royaume-Uni (5,1%).

Les années 2000

Les importations des Bahamas étaient de 4,0 milliards de dollars par an dans les années 2000, se classant au 112ème rang mondial à égalité avec la république démocratique du Congo (3,9 milliards de dollars). La part dans le monde était de 0,032% et de 0,13% dans les Amériques.

La structure des importations: produits primaires (9,2%), articles manufacturés provenant de ressources naturelles (25,5%), articles manufacturés à faible technologie (7,3%), articles manufacturés de technologie moyenne (45,9%), articles manufacturés à haute technologie (3,6%).

Les Bahamas a importé des marchandises en provenance les États-Unis (25,2%), la Corée du Sud (16,5%), le Japon (11,1%), le Brésil (6,5%), le Venezuela (5,4%) et d'autres pays (35,5%).

La part des importations dans le PIB des Bahamas était de 42,1% dans les années 2000, se classant au 110ème rang mondial, à égalité

Chapitre XI. Importations

avec le Zimbabwe (42,2%), la Nouvelle-Calédonie (42,2%), les Îles Caïmans (41,7%).

Les importations par habitant aux Bahamas étaient de 12300.7 dollars dans les années 2000, se situant au 32ème rang mondial. Les importations par habitant aux Bahamas étaient 6,5 fois supérieures les importations par habitant au Monde (1 899,9 US$), et 3,7 fois supérieures les importations par habitant dans les Amériques (3 354,4 US$).

La croissance des importations aux Bahamas était de 0.5% dans les années 2000, au 198ème rang mondial. La croissance des importations aux Bahamas (0,45%) a été inférieure à celle du monde (5,1%), et inférieure à celle des Amériques (3,5%).

Comparaison avec les voisins. La valeur des importations aux Bahamas était supérieure à celle des Îles Turks-et-Caïcos (372,7 millions de dollars); mais inférieure à celle des États-Unis (1,9 billions de dollars) et de Cuba (7,8 milliards de dollars). Les importations par habitant aux Bahamas étaient supérieures à celles des États-Unis (6 400,9 de dollars) et de Cuba (693,0 de dollars); mais inférieures à celles des Îles Turks-et-Caïcos (13 920,4 de dollars). La croissance des importations aux Bahamas était inférieure à celle des Îles Turks-et-Caïcos (9,4%), de Cuba (4,4%) et des États-Unis (2,8%).

Comparaison avec les leaders. Les importations des Bahamas étaient inférieures à celles des États-Unis (1,9 billions de dollars), de l'Allemagne (914,7 milliards de dollars), du Royaume-Uni (641,8 milliards de dollars), de la Chine (641,1 milliards de dollars) et du Japon (566,4 milliards de dollars). Les importations par habitant aux Bahamas étaient supérieures à celles de l'Allemagne (11 237,8 de dollars), du Royaume-Uni (10 620,4 de dollars), des États-Unis (6 400,9 de dollars), du Japon (4 418,9 de dollars) et de la Chine (483,3 de dollars). La croissance des importations aux Bahamas était inférieure à celle de la Chine (15,1%), de l'Allemagne (3,7%), du Royaume-Uni (3,1%), des États-Unis (2,8%) et du Japon (1,8%).

Les années 2010

Les importations des Bahamas étaient de 4,9 milliards de dollars par an dans les années 2010, se situant au 139ème rang mondial à égalité avec la Guinée (4,8 milliards de dollars). La part dans le monde était de 0,022% et de 0,10% dans les Amériques.

La structure des importations: produits primaires (9,6%), articles manufacturés provenant de ressources naturelles (38,6%), articles manufacturés à faible technologie (9,7%), articles manufacturés de technologie moyenne (28,9%), articles manufacturés à haute technologie (4,9%).

Les Bahamas a importé des marchandises en provenance les États-Unis (31,1%), la Corée du Sud (11,9%), l'Inde (8,8%), le Japon (7,9%), la Chine (6,3%) et d'autres pays (33,9%).

La part des importations dans le PIB des Bahamas était de 42,1% dans les années 2010, au 116ème rang mondial, à égalité avec le Suriname (42,3%), les Îles Caïmans (42,3%), la Roumanie (42,4%).

Les importations par habitant aux Bahamas étaient de 13023.4 dollars dans les années 2010, se situant au 44ème rang mondial, à égalité avec le Royaume-Uni (13 030,6 de dollars), l'Australie (12 728,6 de dollars). Les importations par habitant aux Bahamas étaient 4,3 fois supérieures les importations par habitant au Monde (3 015,6 US$), et 2,7 fois supérieures les importations par habitant dans les Amériques (4 884,3 US$).

La croissance des importations aux Bahamas était de 1.6% dans les années 2010, se situant au 171ème rang mondial, à égalité avec l'Afrique du Nord (1,6%). La croissance des importations aux Bahamas (1,6%) a été inférieure à celle du monde (4,4%), et inférieure à celle des Amériques (3,3%).

Comparaison avec les voisins. La valeur des importations aux Bahamas était 9,7 fois supérieure à celle des Îles Turks-et-Caïcos (501,9 millions de dollars); mais 580,7 fois inférieure à celle des États-Unis (2,8 billions de dollars) et 2,7 fois inférieure à celle de Cuba (13,1 milliards de dollars). Les importations par habitant aux Bahamas étaient 47,7% supérieures à celles des États-Unis (8 817,8 de dollars) et 11,2 fois supérieures à celles de Cuba (1 163,9 de dollars); mais 7,7% inférieures à celles des Îles Turks-et-Caïcos (14 110,5 de dollars). La croissance des importations aux Bahamas était inférieure à celle des États-Unis (4,4%), des Îles Turks-et-Caïcos (3,0%) et de Cuba (2,8%).

Comparaison avec les leaders. Les importations des Bahamas étaient 580,7 fois inférieures à celles des États-Unis (2,8 billions de dollars), 426,5 fois inférieures à celles de la Chine (2,1 billions de dollars), 299,9 fois inférieures à celles de l'Allemagne (1,5 billions de dollars), 181,0 fois inférieures à celles du Japon (877,9 milliards de dollars) et 176,2 fois inférieures à celles du Royaume-Uni (854,8 milliards de dollars). Les importations par habitant aux Bahamas étaient 47,7% supérieures à celles des États-Unis (8 817,8 de dollars), 89,8% supérieures à celles du Japon (6 862,7 de dollars) et 8,8 fois supérieures à celles de la Chine (1 475,4 de dollars); mais 26,7%

inférieures à celles de l'Allemagne (17 771,2 de dollars) et 0,055% inférieures à celles du Royaume-Uni (13 030,6 de dollars). La croissance des importations aux Bahamas était inférieure à celle de la Chine (8,2%), de l'Allemagne (4,8%), des États-Unis (4,4%), du Japon (3,8%) et du Royaume-Uni (3,6%).

Partie IV. Consommation

Chapitre XII. Dépenses publiques

Dépenses de consommation des administrations publiques

Les dépense de consommation publique des Bahamas sont passés de 128,1 millions de dollars par an dans les années 1970 à 1,5 milliards de dollars par an dans les années 2010, c'est-à-dire 1,3 milliards de dollars ou de 11,4 fois. La variation a été de 1,3 milliards de dollars en raison de l'augmentation de 7,2 fois des prix, et de -52,2 millions de dollars en raison de la baisse du taux par habitant de 1,3 fois, et de 126,5 millions de dollars en raison de la croissance démographique. La croissance annuelle moyenne des dépenses publiques était de 1,3%. La valeur minimale était de 91,2 millions de dollars en 1970. La valeur maximale était de 1,9 milliards de dollars en 2019.

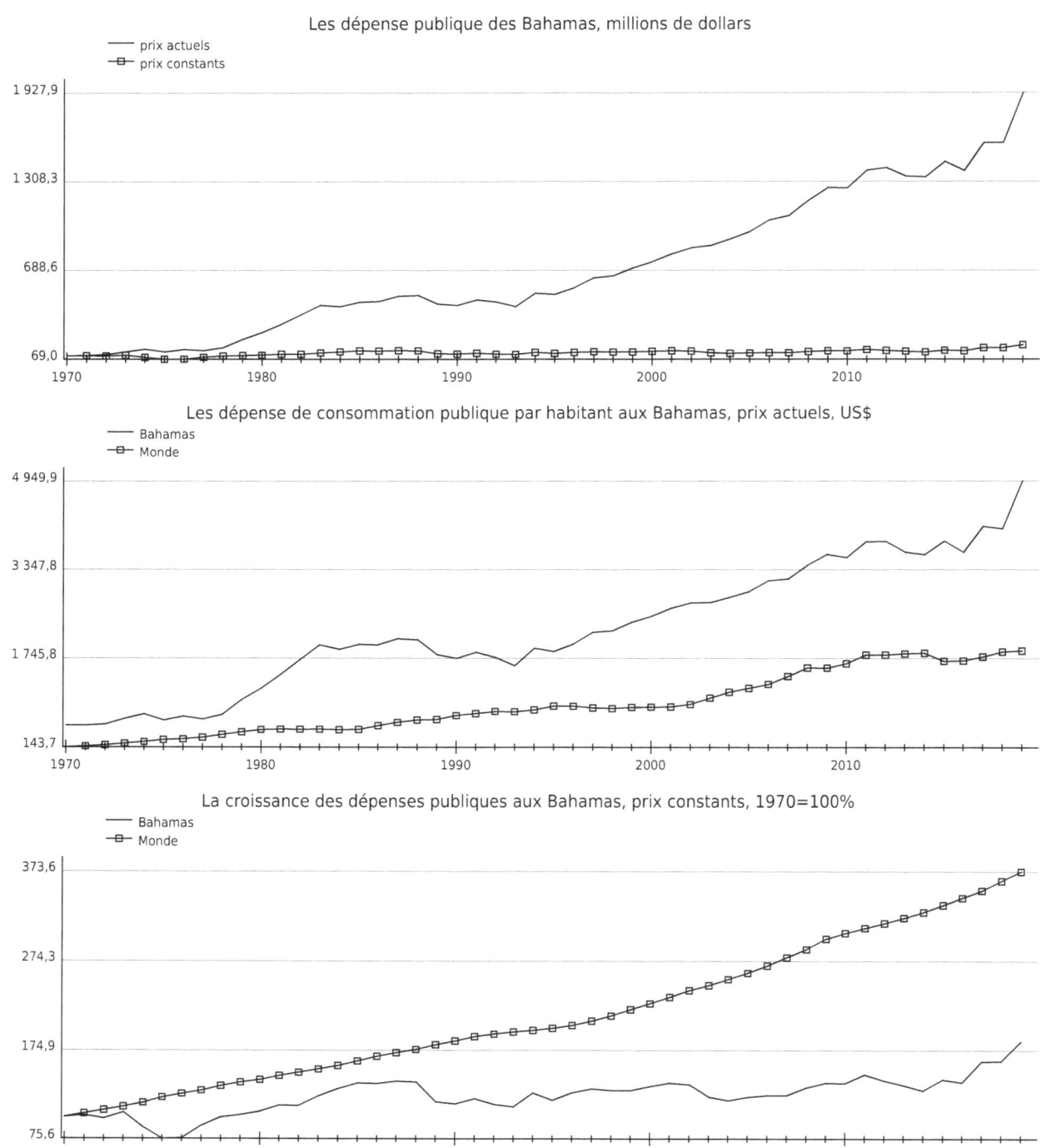

Chapitre XII. Dépenses publiques

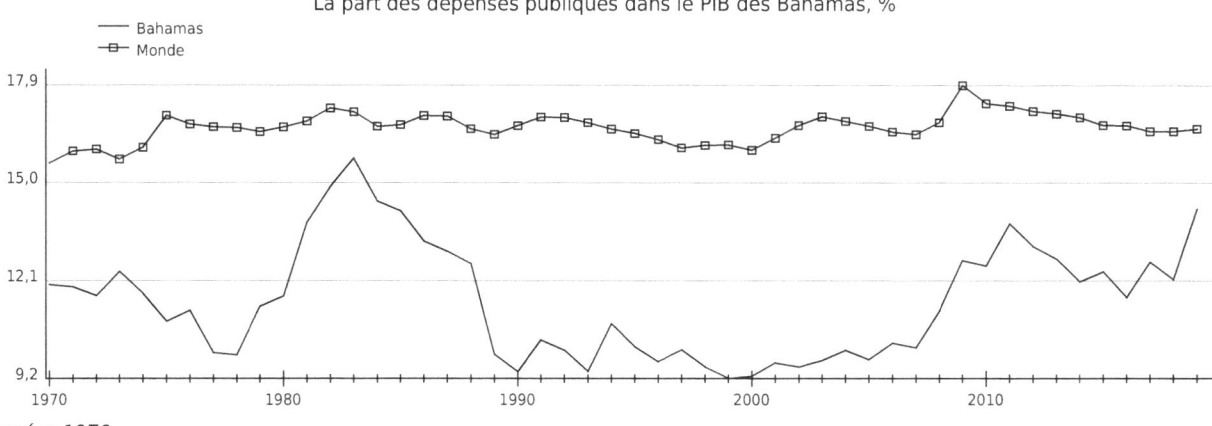

La part des dépenses publiques dans le PIB des Bahamas, %

Les années 1970

Les dépenses publiques des Bahamas étaient de 128,1 millions de dollars par an dans les années 1970, se classant au 116ème rang mondial à égalité avec le Togo (128,2 millions de dollars), la Guinée (127,8 millions de dollars). La part dans le monde était de 0,012% et de 0,035% dans les Amériques.

La part des dépenses publiques dans le PIB des Bahamas était de 11,2% dans les années 1970, se situant au 140ème rang mondial, à égalité avec Bahreïn (11,2%).

Les dépense de consommation publique par habitant aux Bahamas étaient de 683.5 dollars dans les années 1970, se classant au 37ème rang mondial, à égalité avec l'Europe (678,9 de dollars), le Japon (700,2 de dollars). Les dépenses publiques par habitant aux Bahamas étaient 2,6 fois supérieures les dépense de consommation publique par habitant au Monde (265,2 US$), et 4,3% supérieures les dépenses publiques par habitant dans les Amériques (655,5 US$).

La croissance des dépenses publiques aux Bahamas était de 0.3% dans les années 1970, se classant au 169ème rang mondial. La croissance des dépenses publiques aux Bahamas (0,27%) a été inférieure à celle du monde (3,7%), et inférieure à celle des Amériques (2,1%).

Comparaison avec les voisins. Les dépense de consommation publique des Bahamas étaient supérieures à celles des Îles Turks-et-Caïcos (5,0 millions de dollars); mais inférieures à celles des États-Unis (285,9 milliards de dollars) et de Cuba (3,8 milliards de dollars). Les dépense de consommation publique par habitant aux Bahamas étaient supérieures à celles de Cuba (409,6 de dollars); mais inférieures à celles des États-Unis (1 310,2 de dollars) et des Îles Turks-et-Caïcos (743,3 de dollars). La croissance des dépenses publiques aux Bahamas était inférieure à celle des Îles Turks-et-Caïcos (10,7%), de Cuba (5,4%) et des États-Unis (0,94%).

Comparaison avec les leaders. Les dépenses publiques des Bahamas étaient inférieures à celles des États-Unis (285,9 milliards de dollars), de l'URSS (117,3 milliards de dollars), de l'Allemagne (95,6 milliards de dollars), du Japon (78,0 milliards de dollars) et de la France (64,5 milliards de dollars). Les dépense de consommation publique par habitant aux Bahamas étaient supérieures à celles de l'URSS (465,0 de dollars); mais inférieures à celles des États-Unis (1 310,2 de dollars), de l'Allemagne (1 213,7 de dollars), de la France (1 202,3 de dollars) et du Japon (700,2 de dollars). La croissance des dépenses publiques aux Bahamas était inférieure à celle de l'URSS (7,2%), du Japon (5,3%), de la France (5,0%), de l'Allemagne (4,4%) et des États-Unis (0,94%).

Les années 1980

Les dépenses publiques des Bahamas étaient de 425,2 millions de dollars par an dans les années 1980, au 106ème rang mondial à égalité avec la Bolivie (427,2 millions de dollars), la république du Congo (417,7 millions de dollars), le Sri Lanka (417,2 millions de dollars). La part dans le monde était de 0,017% et de 0,050% dans les Amériques.

La part des dépenses publiques dans le PIB des Bahamas était de 13,1% dans les années 1980, se situant au 130ème rang mondial, à égalité avec d'Aruba (13,1%).

Les dépense de consommation publique par habitant aux Bahamas étaient de 1834.9 dollars dans les années 1980, au 37ème rang mondial. Les dépense publique par habitant aux Bahamas étaient 3,5 fois supérieures les dépense publique par habitant au Monde (523,5 US$), et 42,6% supérieures les dépense de consommation publique par habitant dans les Amériques (1 287,2 US$).

La croissance des dépenses publiques aux Bahamas était de 1.3% dans les années 1980, se classant au 140ème rang mondial, égalité avec la Grèce (1,3%). La croissance des dépenses publiques aux Bahamas (1,3%) a été inférieure à celle du monde (2,7%), et inférieure à celle des Amériques (2,5%).

Comparaison avec les voisins. Les dépense de consommation publique des Bahamas étaient supérieures à celles des Îles Turks-et-Caïcos (16,4 millions de dollars); mais inférieures à celles des États-Unis (665,3 milliards de dollars) et de Cuba (7,4 milliards de dollars). Les dépense publique par habitant aux Bahamas étaient supérieures à celles des Îles Turks-et-Caïcos (1 690,1 de dollars) et de Cuba (734,1 de dollars); mais inférieures à celles des États-Unis (2 778,2 de dollars). La croissance des dépenses publiques aux Bahamas était inférieure à celle des Îles Turks-et-Caïcos (10,6%), de Cuba (3,8%) et des États-Unis (2,6%).

Comparaison avec les leaders. Les dépense publique des Bahamas étaient inférieures à celles des États-Unis (665,3 milliards de dollars), du Japon (257,4 milliards de dollars), de l'Allemagne (203,7 milliards de dollars), de l'URSS (181,1 milliards de dollars) et de la France (159,8 milliards de dollars). Les dépense de consommation publique par habitant aux Bahamas étaient supérieures à celles de l'URSS (658,0 de dollars); mais inférieures à celles de la France (2 826,9 de dollars), des États-Unis (2 778,2 de dollars), de l'Allemagne (2 611,1 de dollars) et du Japon (2 122,5 de dollars). La croissance des dépenses publiques aux Bahamas était supérieure à celle de l'Allemagne (0,98%); mais inférieure à celle de l'URSS (5,4%), du Japon (3,5%), de la France (2,8%) et des États-Unis (2,6%).

Les années 1990

Les dépense de consommation publique des Bahamas étaient de 545,1 millions de dollars par an dans les années 1990, se classant au 129ème rang mondial à égalité avec le Groenland (543,1 millions de dollars), le Niger (554,7 millions de dollars). La part dans le monde était de 0,012% et de 0,036% dans les Amériques.

La part des dépenses publiques dans le PIB des Bahamas était de 9,8% dans les années 1990, au 183ème rang mondial, à égalité avec les Émirats arabes unis (9,8%), Saint-Christophe-et-Niévès (9,8%), le Pérou (9,9%).

Les dépense publique par habitant aux Bahamas étaient de 1970.4 dollars dans les années 1990, se classant au 44ème rang mondial, à égalité avec les Amériques (1 972,7 de dollars), les îles Cook (1 930,8 de dollars). Les dépense publique par habitant aux Bahamas étaient 2,4 fois supérieures les dépense de consommation publique par habitant au Monde (824,8 US$), et 0,12% inférieures les dépense publique par habitant dans les Amériques (1 972,7 US$).

La croissance des dépenses publiques aux Bahamas était de 1% dans les années 1990, se situant au 136ème rang mondial. La croissance des dépenses publiques aux Bahamas (1,0%) a été inférieure à celle du monde (2,0%), et inférieure à celle des Amériques (1,1%).

Comparaison avec les voisins. Les dépense de consommation publique des Bahamas étaient supérieures à celles des Îles Turks-et-Caïcos (37,6 millions de dollars); mais inférieures à celles des États-Unis (1,1 billions de dollars) et de Cuba (7,7 milliards de dollars). Les dépenses publiques par habitant aux Bahamas étaient supérieures à celles de Cuba (704,9 de dollars); mais inférieures à celles des États-Unis (4 287,3 de dollars) et des Îles Turks-et-Caïcos (2 404,0 de dollars). La croissance des dépenses publiques aux Bahamas était supérieure à celle de Cuba (-0,88%); mais inférieure à celle des Îles Turks-et-Caïcos (2,7%) et des États-Unis (1,3%).

Comparaison avec les leaders. Les dépense de consommation publique des Bahamas étaient inférieures à celles des États-Unis (1,1 billions de dollars), du Japon (651,8 milliards de dollars), de l'Allemagne (419,6 milliards de dollars), de la France (325,4 milliards de dollars) et du Royaume-Uni (234,6 milliards de dollars). Les dépense publique par habitant aux Bahamas étaient inférieures à celles de la France (5 479,6 de dollars), de l'Allemagne (5 203,8 de dollars), du Japon (5 169,1 de dollars), des États-Unis (4 287,3 de dollars) et du Royaume-Uni (4 053,6 de dollars). La croissance des dépenses publiques aux Bahamas était inférieure à celle du Japon (3,0%), de l'Allemagne (2,4%), du Royaume-Uni (2,1%), de la France (1,8%) et des États-Unis (1,3%).

Les années 2000

Les dépense publique des Bahamas étaient de 968,1 millions de dollars par an dans les années 2000, se situant au 125ème rang mondial à égalité avec Madagascar (968,9 millions de dollars), Monaco (966,7 millions de dollars), la Géorgie (951,7 millions de dollars). La part dans le monde était de 0,012% et de 0,038% dans les Amériques.

La part des dépenses publiques dans le PIB des Bahamas était de 10,3% dans les années 2000, se classant au 178ème rang mondial, à égalité avec Singapour (10,3%), l'Azerbaïdjan (10,2%), l'Asie du Sud-Est (10,3%).

Les dépense publique par habitant aux Bahamas étaient de 3000 dollars dans les années 2000, se situant au 49ème rang mondial, à

Chapitre XII. Dépenses publiques

égalité avec les îles Cook (2 938,1 de dollars), les Amériques (2 931,6 de dollars), Malte (2 928,0 de dollars). Les dépense de consommation publique par habitant aux Bahamas étaient 2,5 fois supérieures les dépense publique par habitant au Monde (1 200,9 US$), et 2,3% supérieures les dépense publique par habitant dans les Amériques (2 931,6 US$).

La croissance des dépenses publiques aux Bahamas était de 0.6% dans les années 2000, au 194ème rang mondial, à égalité avec les Palaos (0,63%). La croissance des dépenses publiques aux Bahamas (0,63%) a été inférieure à celle du monde (3,1%), et inférieure à celle des Amériques (2,4%).

Comparaison avec les voisins. Les dépenses publiques des Bahamas étaient supérieures à celles des Îles Turks-et-Caïcos (104,4 millions de dollars); mais inférieures à celles des États-Unis (1,9 billions de dollars) et de Cuba (15,6 milliards de dollars). Les dépenses publiques par habitant aux Bahamas étaient supérieures à celles de Cuba (1 394,6 de dollars); mais inférieures à celles des États-Unis (6 545,9 de dollars) et des Îles Turks-et-Caïcos (3 900,2 de dollars). La croissance des dépenses publiques aux Bahamas était inférieure à celle des Îles Turks-et-Caïcos (9,3%), de Cuba (5,9%) et des États-Unis (2,2%).

Comparaison avec les leaders. Les dépense publique des Bahamas étaient inférieures à celles des États-Unis (1,9 billions de dollars), du Japon (844,2 milliards de dollars), de l'Allemagne (520,1 milliards de dollars), de la France (479,9 milliards de dollars) et du Royaume-Uni (453,4 milliards de dollars). Les dépenses publiques par habitant aux Bahamas étaient inférieures à celles de la France (7 640,9 de dollars), du Royaume-Uni (7 501,5 de dollars), du Japon (6 586,4 de dollars), des États-Unis (6 545,9 de dollars) et de l'Allemagne (6 389,7 de dollars). La croissance des dépenses publiques aux Bahamas était inférieure à celle du Royaume-Uni (2,9%), des États-Unis (2,2%), du Japon (1,7%), de la France (1,7%) et de l'Allemagne (1,4%).

Les années 2010

Les dépense publique des Bahamas étaient de 1,5 milliards de dollars par an dans les années 2010, au 141ème rang mondial à égalité avec la Guinée (1,5 milliards de dollars), l'Albanie (1,5 milliards de dollars). La part dans le monde était de 0,011% et de 0,037% dans les Amériques.

La part des dépenses publiques dans le PIB des Bahamas était de 12,7% dans les années 2010, se classant au 160ème rang mondial, à égalité avec les Bermudes (12,8%), la Malaisie (12,8%), la Mauritanie (12,8%).

Les dépenses publiques par habitant aux Bahamas étaient de 3932.1 dollars dans les années 2010, se classant au 55ème rang mondial, à égalité avec le Portugal (3 970,6 de dollars), la Tchéquie (3 985,5 de dollars). Les dépense publique par habitant aux Bahamas étaient 2,2 fois supérieures les dépense publique par habitant au Monde (1 785,1 US$), et 2,5% inférieures les dépense publique par habitant dans les Amériques (4 034,3 US$).

La croissance des dépenses publiques aux Bahamas était de 2.9% dans les années 2010, se situant au 95ème rang mondial. La croissance des dépenses publiques aux Bahamas (2,9%) a été supérieure à celle du monde (2,3%), et supérieure à celle des Amériques (0,45%).

Comparaison avec les voisins. Les dépense publique des Bahamas étaient 7,4 fois supérieures à celles des Îles Turks-et-Caïcos (196,9 millions de dollars); mais 1 811,5 fois inférieures à celles des États-Unis (2,7 billions de dollars) et 18,5 fois inférieures à celles de Cuba (27,1 milliards de dollars). Les dépense publique par habitant aux Bahamas étaient 63,8% supérieures à celles de Cuba (2 400,8 de dollars); mais 2,1 fois inférieures à celles des États-Unis (8 304,9 de dollars) et 28,9% inférieures à celles des Îles Turks-et-Caïcos (5 533,9 de dollars). La croissance des dépenses publiques aux Bahamas était supérieure à celle de Cuba (0,39%) et des États-Unis (0,0052%); mais inférieure à celle des Îles Turks-et-Caïcos (4,4%).

Comparaison avec les leaders. Les dépense publique des Bahamas étaient 1 811,5 fois inférieures à celles des États-Unis (2,7 billions de dollars), 1 146,4 fois inférieures à celles de la Chine (1,7 billions de dollars), 712,1 fois inférieures à celles du Japon (1,0 billions de dollars), 492,6 fois inférieures à celles de l'Allemagne (721,6 milliards de dollars) et 435,5 fois inférieures à celles de la France (637,9 milliards de dollars). Les dépenses publiques par habitant aux Bahamas étaient 3,3 fois supérieures à celles de la Chine (1 197,3 de dollars); mais 2,4 fois inférieures à celles de la France (9 617,6 de dollars), 2,2 fois inférieures à celles de l'Allemagne (8 815,0 de dollars), 2,1 fois inférieures à celles des États-Unis (8 304,9 de dollars) et 2,1 fois inférieures à celles du Japon (8 152,8 de dollars). La croissance des dépenses publiques aux Bahamas était supérieure à celle de l'Allemagne (1,9%), du Japon (1,3%), de la France (1,3%) et des États-Unis (0,0052%); mais inférieure à celle de la Chine (8,3%).

Chapitre XIII. Dépenses ménagères

Dépenses de consommation des ménages

Les dépenses ménagères des Bahamas sont passés de 588,3 millions de dollars par an dans les années 1970 à 7,2 milliards de dollars par an dans les années 2010, c'est-à-dire 6,7 milliards de dollars ou de 12,3 fois. La variation a été de 4,7 milliards de dollars en raison de l'augmentation de 2,8 fois des prix, et de 1,4 milliards de dollars en raison de la croissance du taux par habitant de 2,2 fois, et de 581,0 millions de dollars en raison de la croissance démographique. La croissance annuelle moyenne des dépenses ménagères était de 3,1%. La valeur minimale était de 423,1 millions de dollars en 1970. La valeur maximale était de 8,3 milliards de dollars en 2018.

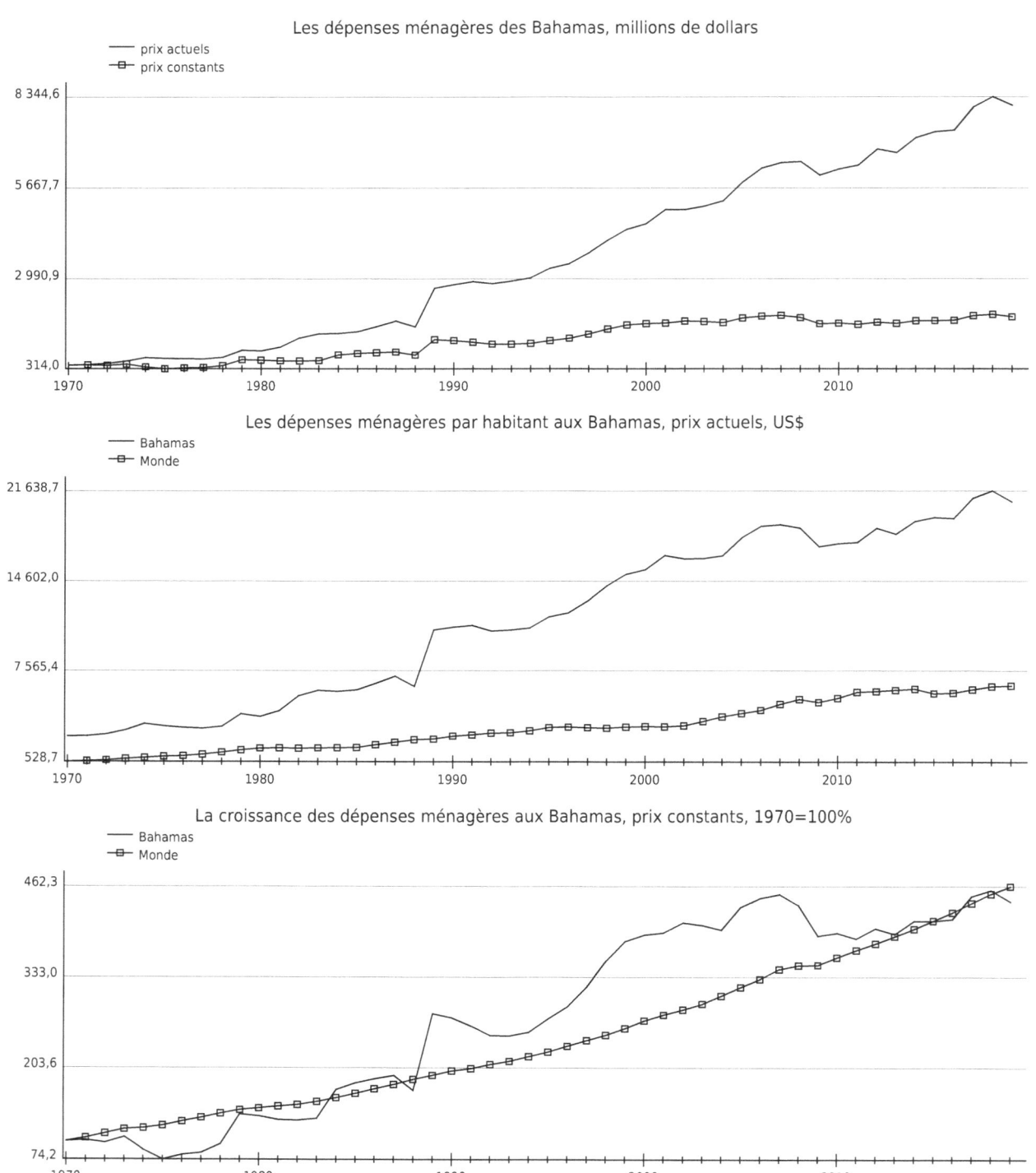

Chapitre XIII. Dépenses ménagères

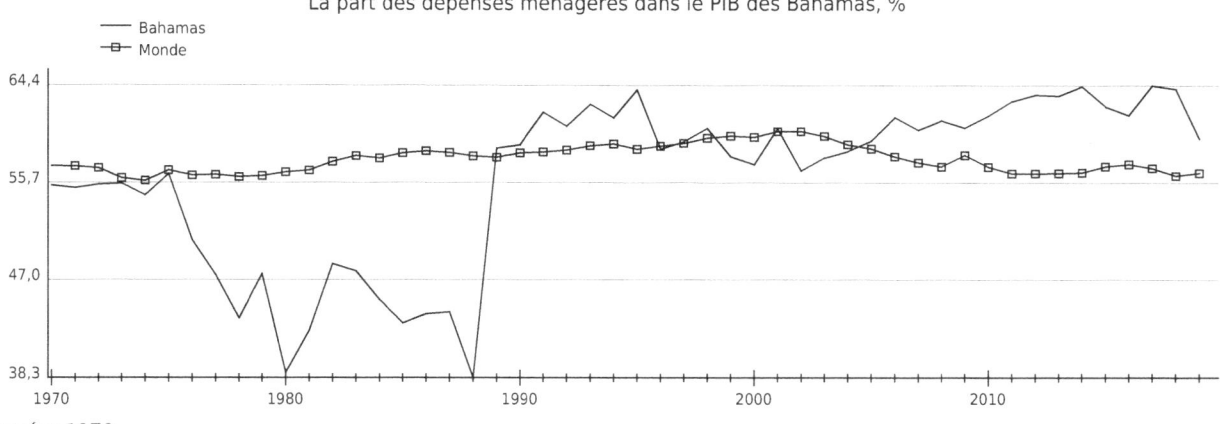

Les années 1970

Les dépenses ménagères des Bahamas étaient de 588,3 millions de dollars par an dans les années 1970, se situant au 114ème rang mondial à égalité avec la Mauritanie (578,5 millions de dollars), Sierra Leone (599,7 millions de dollars). La part dans le monde était de 0,016% et de 0,043% dans les Amériques.

La part des dépenses ménagères dans le PIB des Bahamas était de 51,2% dans les années 1970, au 150ème rang mondial, à égalité avec Trinité-et-Tobago (51,3%), la Mélanésie (51,5%), d'Israël (50,8%).

Les dépenses ménagères par habitant aux Bahamas étaient de 3139.1 dollars dans les années 1970, se classant au 24ème rang mondial, à égalité avec l'Europe du Nord (3 114,3 de dollars). Les dépenses ménagères par habitant aux Bahamas étaient 3,4 fois supérieures les dépenses ménagères par habitant au Monde (914,8 US$), et 27,2% supérieures les dépenses ménagères par habitant dans les Amériques (2 467,5 US$).

La croissance des dépenses ménagères aux Bahamas était de 3.6% dans les années 1970, se situant au 118ème rang mondial, à égalité avec l'Allemagne (3,6%), l'Europe de l'Ouest (3,6%), les États-Unis (3,6%). La croissance des dépenses ménagères aux Bahamas (3,6%) a été inférieure à celle du monde (4,1%), et inférieure à celle des Amériques (4,1%).

Comparaison avec les voisins. Les dépenses ménagères des Bahamas étaient supérieures à celles des Îles Turks-et-Caïcos (8,7 millions de dollars); mais inférieures à celles des États-Unis (1,0 billions de dollars) et de Cuba (6,6 milliards de dollars). Les dépenses ménagères par habitant aux Bahamas étaient supérieures à celles des Îles Turks-et-Caïcos (1 299,2 de dollars) et de Cuba (706,2 de dollars); mais inférieures à celles des États-Unis (4 744,5 de dollars). La croissance des dépenses ménagères aux Bahamas était inférieure à celle des Îles Turks-et-Caïcos (10,6%), de Cuba (5,4%) et des États-Unis (3,6%).

Comparaison avec les leaders. Les dépenses ménagères des Bahamas étaient inférieures à celles des États-Unis (1,0 billions de dollars), de l'URSS (310,6 milliards de dollars), du Japon (280,9 milliards de dollars), de l'Allemagne (277,8 milliards de dollars) et de la France (180,7 milliards de dollars). Les dépenses ménagères par habitant aux Bahamas étaient supérieures à celles du Japon (2 523,0 de dollars) et de l'URSS (1 231,6 de dollars); mais inférieures à celles des États-Unis (4 744,5 de dollars), de l'Allemagne (3 527,2 de dollars) et de la France (3 371,0 de dollars). La croissance des dépenses ménagères aux Bahamas était supérieure à celle de l'Allemagne (3,6%); mais inférieure à celle du Japon (5,1%), de l'URSS (4,7%), de la France (4,0%) et des États-Unis (3,6%).

Les années 1980

Les dépenses ménagères des Bahamas étaient de 1,5 milliards de dollars par an dans les années 1980, se situant au 114ème rang mondial à égalité avec le Rwanda (1,5 milliards de dollars), la Mauritanie (1,5 milliards de dollars), l'Albanie (1,4 milliards de dollars). La part dans le monde était de 0,017% et de 0,044% dans les Amériques.

La part des dépenses ménagères dans le PIB des Bahamas était de 45,6% dans les années 1980, se classant au 169ème rang mondial, à égalité avec l'Angola (45,9%), Singapour (46,0%).

Les dépenses ménagères par habitant aux Bahamas étaient de 6381.3 dollars dans les années 1980, se classant au 26ème rang mondial. Les dépenses ménagères par habitant aux Bahamas étaient 3,5 fois supérieures les dépenses ménagères par habitant au Monde (1 808,0 US$), et 25,4% supérieures les dépenses ménagères par habitant dans les Amériques (5 090,2 US$).

La croissance des dépenses ménagères aux Bahamas était de 7.4% dans les années 1980, se situant au 14ème rang mondial, à égalité avec Macao (7,3%), Hong Kong (7,3%). La croissance des dépenses ménagères aux Bahamas (7,4%) a été supérieure à celle du monde (3,0%), et supérieure à celle des Amériques (2,9%).

Comparaison avec les voisins. Les dépenses ménagères des Bahamas étaient supérieures à celles des Îles Turks-et-Caïcos (28,7 millions de dollars); mais inférieures à celles des États-Unis (2,6 billions de dollars) et de Cuba (12,9 milliards de dollars). Les dépenses ménagères par habitant aux Bahamas étaient supérieures à celles des Îles Turks-et-Caïcos (2 950,5 de dollars) et de Cuba (1 274,4 de dollars); mais inférieures à celles des États-Unis (10 904,4 de dollars). La croissance des dépenses ménagères aux Bahamas était supérieure à celle de Cuba (4,1%) et des États-Unis (3,2%); mais inférieure à celle des Îles Turks-et-Caïcos (10,8%).

Comparaison avec les leaders. Les dépenses ménagères des Bahamas étaient inférieures à celles des États-Unis (2,6 billions de dollars), du Japon (945,6 milliards de dollars), de l'Allemagne (575,7 milliards de dollars), de l'URSS (424,6 milliards de dollars) et du Royaume-Uni (416,5 milliards de dollars). Les dépenses ménagères par habitant aux Bahamas étaient supérieures à celles de l'URSS (1 542,8 de dollars); mais inférieures à celles des États-Unis (10 904,4 de dollars), du Japon (7 796,6 de dollars), de l'Allemagne (7 378,3 de dollars) et du Royaume-Uni (7 376,3 de dollars). La croissance des dépenses ménagères aux Bahamas était supérieure à celle du Japon (3,7%), du Royaume-Uni (3,5%), des États-Unis (3,2%), de l'URSS (3,0%) et de l'Allemagne (1,8%).

Les années 1990

Les dépenses ménagères des Bahamas étaient de 3,4 milliards de dollars par an dans les années 1990, se situant au 109ème rang mondial à égalité avec Bahreïn (3,3 milliards de dollars), la Papouasie-Nouvelle-Guinée (3,3 milliards de dollars). La part dans le monde était de 0,020% et de 0,052% dans les Amériques.

La part des dépenses ménagères dans le PIB des Bahamas était de 60,5% dans les années 1990, au 126ème rang mondial, à égalité avec l'Europe du Nord (60,5%), Chypre (60,5%), la république du Congo (60,4%).

Les dépenses ménagères par habitant aux Bahamas étaient de 12145.5 dollars dans les années 1990, se classant au 25ème rang mondial, à égalité avec l'Australie (12 076,0 de dollars), le Canada (12 075,2 de dollars), la Finlande (12 432,6 de dollars). Les dépenses ménagères par habitant aux Bahamas étaient 4,1 fois supérieures les dépenses ménagères par habitant au Monde (2 963,9 US$), et 44,7% supérieures les dépenses ménagères par habitant dans les Amériques (8 394,4 US$).

La croissance des dépenses ménagères aux Bahamas était de 3.2% dans les années 1990, au 88ème rang mondial, à égalité avec le Kenya (3,2%), la Pologne (3,2%), l'Irak (3,2%). La croissance des dépenses ménagères aux Bahamas (3,2%) a été supérieure à celle du monde (3,0%), et inférieure à celle des Amériques (3,3%).

Comparaison avec les voisins. Les dépenses ménagères des Bahamas étaient supérieures à celles des Îles Turks-et-Caïcos (78,5 millions de dollars); mais inférieures à celles des États-Unis (4,9 billions de dollars) et de Cuba (16,2 milliards de dollars). Les dépenses ménagères par habitant aux Bahamas étaient supérieures à celles des Îles Turks-et-Caïcos (5 018,4 de dollars) et de Cuba (1 495,2 de dollars); mais inférieures à celles des États-Unis (18 538,8 de dollars). La croissance des dépenses ménagères aux Bahamas était supérieure à celle de Cuba (-2,9%); mais inférieure à celle des Îles Turks-et-Caïcos (5,6%) et des États-Unis (3,4%).

Comparaison avec les leaders. Les dépenses ménagères des Bahamas étaient inférieures à celles des États-Unis (4,9 billions de dollars), du Japon (2,3 billions de dollars), de l'Allemagne (1,2 billions de dollars), du Royaume-Uni (884,5 milliards de dollars) et de la France (783,0 milliards de dollars). Les dépenses ménagères par habitant aux Bahamas étaient inférieures à celles des États-Unis (18 538,8 de dollars), du Japon (18 170,3 de dollars), du Royaume-Uni (15 280,6 de dollars), de l'Allemagne (15 158,9 de dollars) et de la France (13 185,2 de dollars). La croissance des dépenses ménagères aux Bahamas était supérieure à celle du Royaume-Uni (2,8%), de l'Allemagne (2,1%), du Japon (1,8%) et de la France (1,8%); mais inférieure à celle des États-Unis (3,4%).

Les années 2000

Les dépenses ménagères des Bahamas étaient de 5,6 milliards de dollars par an dans les années 2000, se classant au 118ème rang mondial à égalité avec la Zambie (5,7 milliards de dollars). La part dans le monde était de 0,021% et de 0,051% dans les Amériques.

La part des dépenses ménagères dans le PIB des Bahamas était de 59,5% dans les années 2000, se situant au 131ème rang mondial, à égalité avec l'Italie (59,5%), l'Ouzbékistan (59,5%), le Panama (59,2%).

Les dépenses ménagères par habitant aux Bahamas étaient de 17399.9 dollars dans les années 2000, se situant au 28ème rang mondial, à égalité avec la Belgique (17 723,2 de dollars). Les dépenses ménagères par habitant aux Bahamas étaient 4,1 fois supérieures les dépenses ménagères par habitant au Monde (4 208,2 US$), et 38,9% supérieures les dépenses ménagères par habitant

Chapitre XIII. Dépenses ménagères

dans les Amériques (12 522,4 US$).

La croissance des dépenses ménagères aux Bahamas était de 0.2% dans les années 2000, se situant au 200ème rang mondial. La croissance des dépenses ménagères aux Bahamas (0,19%) a été inférieure à celle du monde (3,0%), et inférieure à celle des Amériques (2,7%).

Comparaison avec les voisins. Les dépenses ménagères des Bahamas étaient supérieures à celles des Îles Turks-et-Caïcos (232,9 millions de dollars); mais inférieures à celles des États-Unis (8,5 billions de dollars) et de Cuba (24,2 milliards de dollars). Les dépenses ménagères par habitant aux Bahamas étaient supérieures à celles des Îles Turks-et-Caïcos (8 696,4 de dollars) et de Cuba (2 158,1 de dollars); mais inférieures à celles des États-Unis (28 799,1 de dollars). La croissance des dépenses ménagères aux Bahamas était inférieure à celle des Îles Turks-et-Caïcos (6,4%), de Cuba (3,4%) et des États-Unis (2,4%).

Comparaison avec les leaders. Les dépenses ménagères des Bahamas étaient inférieures à celles des États-Unis (8,5 billions de dollars), du Japon (2,6 billions de dollars), de l'Allemagne (1,5 billions de dollars), du Royaume-Uni (1,5 billions de dollars) et de la France (1,1 billions de dollars). Les dépenses ménagères par habitant aux Bahamas étaient inférieures à celles des États-Unis (28 799,1 de dollars), du Royaume-Uni (24 959,3 de dollars), du Japon (20 355,9 de dollars), de l'Allemagne (18 912,2 de dollars) et de la France (18 146,8 de dollars). La croissance des dépenses ménagères aux Bahamas était inférieure à celle des États-Unis (2,4%), du Royaume-Uni (2,1%), de la France (2,0%), du Japon (0,81%) et de l'Allemagne (0,46%).

Les années 2010

Les dépenses ménagères des Bahamas étaient de 7,2 milliards de dollars par an dans les années 2010, se classant au 138ème rang mondial à égalité avec la Guinée (7,3 milliards de dollars), le Niger (7,2 milliards de dollars). La part dans le monde était de 0,016% et de 0,043% dans les Amériques.

La part des dépenses ménagères dans le PIB des Bahamas était de 62,8% dans les années 2010, se situant au 117ème rang mondial, à égalité avec la Roumanie (62,8%), le Brésil (62,7%), le Timor oriental (63,0%).

Les dépenses ménagères par habitant aux Bahamas étaient de 19438.4 dollars dans les années 2010, au 31ème rang mondial, à égalité avec le Groenland (19 325,9 de dollars), Saint-Marin (19 751,4 de dollars). Les dépenses ménagères par habitant aux Bahamas étaient 3,2 fois supérieures les dépenses ménagères par habitant au Monde (6 018,5 US$), et 11,8% supérieures les dépenses ménagères par habitant dans les Amériques (17 389,9 US$).

La croissance des dépenses ménagères aux Bahamas était de 1.2% dans les années 2010, au 170ème rang mondial. La croissance des dépenses ménagères aux Bahamas (1,2%) a été inférieure à celle du monde (2,8%), et inférieure à celle des Amériques (2,2%).

Comparaison avec les voisins. Les dépenses ménagères des Bahamas étaient 20,5 fois supérieures à celles des Îles Turks-et-Caïcos (353,6 millions de dollars); mais 1 683,8 fois inférieures à celles des États-Unis (12,2 billions de dollars) et 6,4 fois inférieures à celles de Cuba (46,4 milliards de dollars). Les dépenses ménagères par habitant aux Bahamas étaient 95,5% supérieures à celles des Îles Turks-et-Caïcos (9 940,9 de dollars) et 4,7 fois supérieures à celles de Cuba (4 106,5 de dollars); mais 49,1% inférieures à celles des États-Unis (38 161,2 de dollars). La croissance des dépenses ménagères aux Bahamas était inférieure à celle des Îles Turks-et-Caïcos (4,8%), de Cuba (4,1%) et des États-Unis (2,4%).

Comparaison avec les leaders. Les dépenses ménagères des Bahamas étaient 1 683,8 fois inférieures à celles des États-Unis (12,2 billions de dollars), 542,7 fois inférieures à celles de la Chine (3,9 billions de dollars), 412,6 fois inférieures à celles du Japon (3,0 billions de dollars), 270,5 fois inférieures à celles de l'Allemagne (2,0 billions de dollars) et 246,1 fois inférieures à celles du Royaume-Uni (1,8 billions de dollars). Les dépenses ménagères par habitant aux Bahamas étaient 6,9 fois supérieures à celles de la Chine (2 801,9 de dollars); mais 49,1% inférieures à celles des États-Unis (38 161,2 de dollars), 28,4% inférieures à celles du Royaume-Uni (27 164,8 de dollars), 18,8% inférieures à celles de l'Allemagne (23 925,0 de dollars) et 16,8% inférieures à celles du Japon (23 352,2 de dollars). La croissance des dépenses ménagères aux Bahamas était supérieure à celle du Japon (0,64%); mais inférieure à celle de la Chine (8,3%), des États-Unis (2,4%), du Royaume-Uni (1,8%) et de l'Allemagne (1,4%).

Chapitre XIV. Consommation de nourriture

Au cours de la période de recherche, la consommation alimentaire des produits suivants a augmenté: œufs (de 5,5 fois), épices (de 5,4 fois), huiles végétales (de 4,3 fois), noix (de 3,5 fois), fruits (de 3,0 fois), stimulants (de 2,3 fois), poisson (de 2,1 fois), viande (de 38,1%), mais diminué pour les produits suivants: sucre (de 2,1%), lait (de 11,0%), racines riches (de 16,2%), céréales (de 18,5%), légumes (de 25,5%), alcool (de 2,2 fois), légumineuses (de 3,8 fois).

Voici les coefficients de corrélation entre le RNB par habitant à prix constants et la consommation alimentaire: huiles végétales (0.992), poisson (0.971), fruits (0.964), noix (0.959), œufs (0.893), stimulants (0.869), viande (0.811), épices (0.763), racines riches (-0.024), sucre (-0.12), céréales (-0.665), lait (-0.835), alcool (-0.971), légumineuses (-0.983), légumes (-0.995).

Les années 1970

La consommation de kcal aux Bahamas était de 2 393,8 kcal/jour par habitant dans les années 1970, se classant au 67ème rang mondial à égalité avec le Costa Rica (2 396,6 kcal/jour par habitant), le Belize (2 391,0 kcal/jour par habitant), la République centrafricaine (2 387,7 kcal/jour par habitant). La consommation de kcal aux Bahamas était inférieur à celui dans le monde (2 403,2 kcal/jour par habitant), et était inférieur à celui dans les Amériques (2 754,7 kcal/jour par habitant). La consommation de kcal avait la structure suivante: céréales (27%), viande (17.6%), sucre (15.3%), alcool (7.1%), lait (6.5%), et d'autres (26.5%).

La consommation de protéines aux Bahamas était de 69,8 g/jour par habitant dans les années 1970, au 53ème rang mondial à égalité avec le Paraguay (69,7 g/jour par habitant), Trinité-et-Tobago (69,8 g/jour par habitant), le Mexique (69,9 g/jour par habitant). La consommation de protéines aux Bahamas était supérieur à celui dans le monde (65,0 g/jour par habitant), et était inférieur à celui dans les Amériques (79,0 g/jour par habitant). La consommation de protéines avait la structure suivante: viande (39.5%), céréales (22.8%), lait (14.1%), légumes (7.2%), poisson (5.3%), et d'autres (11.1%).

La consommation de graisse aux Bahamas était de 77,2 g/jour par habitant dans les années 1970, se situant au 44ème rang mondial. La consommation de graisse aux Bahamas était supérieur à celui dans le monde (55,1 g/jour par habitant), et était inférieur à celui dans les Amériques (85,8 g/jour par habitant). La consommation de graisse avait la structure suivante: viande (43.3%), lait (9.6%), huiles végétales (5.4%), céréales (4.2%), stimulants (1.9%), et d'autres (35.6%).

Voici les niveaux de consommation alimentaire dans le classement mondial: 8ème - légumes (141,9 kg/habitant/an), 14ème - viande (77,9 kg/habitant/an), 35ème - sucre (41,3 kg/habitant/an), 40ème - fruits (91,9 kg/habitant/an), 41ème - alcool (52,4 kg/habitant/an), 46ème - lait (106,3 kg/habitant/an), 54ème - épices (0,44 kg/habitant/an), 58ème - poisson (14,1 kg/habitant/an), 77ème - légumineuses (4,6 kg/habitant/an), 97ème - racines riches (28,7 kg/habitant/an), 101ème - œufs (1,3 kg/habitant/an), 127ème - céréales (81,2 kg/habitant/an), 138ème - huiles végétales (1,5 kg/habitant/an).

Les années 1980

La consommation de kcal aux Bahamas était de 2 696,1 kcal/jour par habitant dans les années 1980, se classant au 55ème rang mondial à égalité avec la Malaisie (2 698,1 kcal/jour par habitant), Maurice (2 690,5 kcal/jour par habitant), les Kiribati (2 689,8 kcal/jour par habitant). La consommation de kcal aux Bahamas était supérieur à celui dans le monde (2 572,3 kcal/jour par habitant), et était inférieur à celui dans les Amériques (2 917,7 kcal/jour par habitant). La consommation de kcal avait la structure suivante: céréales (26.8%), viande (18.2%), sucre (15.9%), lait (6.5%), alcool (6%), et d'autres (26.6%).

La consommation de protéines aux Bahamas était de 79,5 g/jour par habitant dans les années 1980, au 47ème rang mondial à égalité avec Macao (79,8 g/jour par habitant), l'Égypte (79,2 g/jour par habitant), le Brunei (80,1 g/jour par habitant). La consommation de protéines aux Bahamas était supérieur à celui dans le monde (69,1 g/jour par habitant), et était inférieur à celui dans les Amériques (81,7 g/jour par habitant). La consommation de protéines avait la structure suivante: viande (40.1%), céréales (22.4%), lait (13.5%), poisson (6.7%), légumes (6.3%), et d'autres (11%).

La consommation de graisse aux Bahamas était de 89,7 g/jour par habitant dans les années 1980, se classant au 44ème rang mondial à égalité avec la Roumanie (89,3 g/jour par habitant). La consommation de graisse aux Bahamas était supérieur à celui dans le monde (63,2 g/jour par habitant), et était inférieur à celui dans les Amériques (96,3 g/jour par habitant). La consommation de graisse avait la structure suivante: viande (42.8%), lait (10.5%), huiles végétales (6.4%), céréales (4.4%), stimulants (2.7%), et d'autres (33.2%).

Voici les niveaux de consommation alimentaire dans le classement mondial: 6ème - viande (102,9 kg/habitant/an), 15ème - légumes

Chapitre XIV. Consommation de nourriture

(136,0 kg/habitant/an), 18ème - sucre (48,4 kg/habitant/an), 23ème - fruits (123,3 kg/habitant/an), 33ème - épices (0,83 kg/habitant/an), 41ème - poisson (20,6 kg/habitant/an), 43ème - alcool (50,5 kg/habitant/an), 45ème - stimulants (3,4 kg/habitant/an), 47ème - lait (115,2 kg/habitant/an), 48ème - noix (1,2 kg/habitant/an), 85ème - légumineuses (4,2 kg/habitant/an), 99ème - œufs (1,7 kg/habitant/an), 121ème - céréales (88,7 kg/habitant/an), 139ème - huiles végétales (2,1 kg/habitant/an).

Les années 1990

La consommation de kcal aux Bahamas était de 2 569,1 kcal/jour par habitant dans les années 1990, se classant au 84ème rang mondial à égalité avec Cuba (2 572,5 kcal/jour par habitant), la Mauritanie (2 577,8 kcal/jour par habitant), le Gabon (2 558,8 kcal/jour par habitant). La consommation de kcal aux Bahamas était inférieur à celui dans le monde (2 652,6 kcal/jour par habitant), et était inférieur à celui dans les Amériques (3 035,8 kcal/jour par habitant). La consommation de kcal avait la structure suivante: céréales (27.3%), viande (17.3%), sucre (16.1%), lait (6.6%), alcool (6%), et d'autres (26.7%).

La consommation de protéines aux Bahamas était de 79,1 g/jour par habitant dans les années 1990, se situant au 61ème rang mondial à égalité avec l'Arabie saoudite (78,5 g/jour par habitant). La consommation de protéines aux Bahamas était supérieur à celui dans le monde (72,1 g/jour par habitant), et était inférieur à celui dans les Amériques (86,2 g/jour par habitant). La consommation de protéines avait la structure suivante: viande (39.2%), céréales (22.1%), lait (12.3%), poisson (9.1%), légumes (6.2%), et d'autres (11.1%).

La consommation de graisse aux Bahamas était de 83,8 g/jour par habitant dans les années 1990, se classant au 54ème rang mondial à égalité avec le Brésil (83,3 g/jour par habitant), d'Antigua-et-Barbuda (84,5 g/jour par habitant). La consommation de graisse aux Bahamas était supérieur à celui dans le monde (69,0 g/jour par habitant), et était inférieur à celui dans les Amériques (100,9 g/jour par habitant). La consommation de graisse avait la structure suivante: viande (40.5%), huiles végétales (13.8%), lait (11.9%), céréales (4.8%), poisson (1.9%), et d'autres (27.1%).

Voici les niveaux de consommation alimentaire dans le classement mondial: 11ème - viande (95,7 kg/habitant/an), 13ème - fruits (146,4 kg/habitant/an), 25ème - sucre (44,9 kg/habitant/an), 29ème - légumes (124,0 kg/habitant/an), 33ème - poisson (26,5 kg/habitant/an), 54ème - stimulants (3,3 kg/habitant/an), 59ème - alcool (41,2 kg/habitant/an), 61ème - épices (0,61 kg/habitant/an), 69ème - lait (101,7 kg/habitant/an), 107ème - œufs (2,8 kg/habitant/an), 111ème - légumineuses (2,8 kg/habitant/an), 131ème - racines riches (20,9 kg/habitant/an), 144ème - huiles végétales (4,2 kg/habitant/an), 154ème - céréales (83,9 kg/habitant/an).

Les années 2000

La consommation de kcal aux Bahamas était de 2 670,1 kcal/jour par habitant dans les années 2000, au 94ème rang mondial à égalité avec la Mauritanie (2 669,8 kcal/jour par habitant), le Nigeria (2 664,7 kcal/jour par habitant), le Guyana (2 684,7 kcal/jour par habitant). La consommation de kcal aux Bahamas était inférieur à celui dans le monde (2 765,9 kcal/jour par habitant), et était inférieur à celui dans les Amériques (3 186,4 kcal/jour par habitant). La consommation de kcal avait la structure suivante: céréales (25.4%), viande (18.2%), sucre (14.4%), fruits (6.3%), lait (6.2%), et d'autres (29.5%).

La consommation de protéines aux Bahamas était de 86,7 g/jour par habitant dans les années 2000, se situant au 57ème rang mondial à égalité avec le Liban (86,8 g/jour par habitant), le Brunei (87,0 g/jour par habitant), la Chine (87,0 g/jour par habitant). La consommation de protéines aux Bahamas était supérieur à celui dans le monde (76,5 g/jour par habitant), et était inférieur à celui dans les Amériques (91,2 g/jour par habitant). La consommation de protéines avait la structure suivante: viande (43.3%), céréales (19%), lait (10.1%), poisson (9.5%), légumes (4.8%), et d'autres (13.3%).

La consommation de graisse aux Bahamas était de 93,8 g/jour par habitant dans les années 2000, se classant au 55ème rang mondial à égalité avec la Bulgarie (93,7 g/jour par habitant), l'Estonie (94,4 g/jour par habitant), la Lituanie (94,5 g/jour par habitant). La consommation de graisse aux Bahamas était supérieur à celui dans le monde (76,9 g/jour par habitant), et était inférieur à celui dans les Amériques (113,5 g/jour par habitant). La consommation de graisse avait la structure suivante: viande (38.4%), huiles végétales (18.4%), lait (10%), céréales (5.2%), poisson (2.3%), et d'autres (25.7%).

Voici les niveaux de consommation alimentaire dans le classement mondial: 3ème - fruits (256,5 kg/habitant/an), 6ème - viande (106,2 kg/habitant/an), 26ème - poisson (32,7 kg/habitant/an), 33ème - sucre (45,4 kg/habitant/an), 42ème - légumes (115,0 kg/habitant/an), 44ème - épices (1,2 kg/habitant/an), 53ème - stimulants (5,0 kg/habitant/an), 60ème - noix (2,0 kg/habitant/an), 88ème - alcool (29,3 kg/habitant/an), 91ème - lait (91,2 kg/habitant/an), 96ème - œufs (4,7 kg/habitant/an), 121ème - racines riches (32,1 kg/habitant/an), 135ème - huiles végétales (6,3 kg/habitant/an), 160ème - céréales (78,3 kg/habitant/an).

Les années 2010

La consommation de kcal aux Bahamas était de 2 626,8 kcal/jour par habitant dans les années 2010, au 112ème rang mondial à égalité avec le Népal (2 625,5 kcal/jour par habitant), le Honduras (2 622,5 kcal/jour par habitant), l'Afrique (2 612,5 kcal/jour par habitant). La consommation de kcal aux Bahamas était inférieur à celui dans le monde (2 869,3 kcal/jour par habitant), et était inférieur à celui dans les Amériques (3 219,3 kcal/jour par habitant). La consommation de kcal avait la structure suivante: céréales (23.1%), viande (18.5%), sucre (13.2%), fruits (7.8%), lait (6.3%), et d'autres (31.1%).

La consommation de protéines aux Bahamas était de 85,9 g/jour par habitant dans les années 2010, se classant au 69ème rang mondial à égalité avec Saint-Vincent-et-les-Grenadines (86,5 g/jour par habitant), le Kirghizistan (85,3 g/jour par habitant), le Chili (85,2 g/jour par habitant). La consommation de protéines aux Bahamas était supérieur à celui dans le monde (80,6 g/jour par habitant), et était inférieur à celui dans les Amériques (92,7 g/jour par habitant). La consommation de protéines avait la structure suivante: viande (43.9%), céréales (16.2%), lait (10.5%), poisson (8.7%), légumes (4.6%), et d'autres (16.1%).

La consommation de graisse aux Bahamas était de 98,5 g/jour par habitant dans les années 2010, au 57ème rang mondial. La consommation de graisse aux Bahamas était supérieur à celui dans le monde (82,4 g/jour par habitant), et était inférieur à celui dans les Amériques (118,2 g/jour par habitant). La consommation de graisse avait la structure suivante: viande (36.3%), huiles végétales (17.9%), lait (10.1%), céréales (6.2%), stimulants (2.9%), et d'autres (26.6%).

Voici les niveaux de consommation alimentaire dans le classement mondial: 3ème - fruits (273,7 kg/habitant/an), 5ème - viande (107,5 kg/habitant/an), 31ème - épices (2,3 kg/habitant/an), 37ème - poisson (29,1 kg/habitant/an), 43ème - légumes (113,0 kg/habitant/an), 44ème - stimulants (6,4 kg/habitant/an), 51ème - sucre (40,4 kg/habitant/an), 76ème - noix (1,8 kg/habitant/an), 81ème - œufs (7,2 kg/habitant/an), 87ème - lait (95,7 kg/habitant/an), 106ème - alcool (24,2 kg/habitant/an), 139ème - huiles végétales (6,5 kg/habitant/an), 140ème - racines riches (24,7 kg/habitant/an), 148ème - légumineuses (1,2 kg/habitant/an), 168ème - céréales (68,6 kg/habitant/an).

Partie V. Reproduction

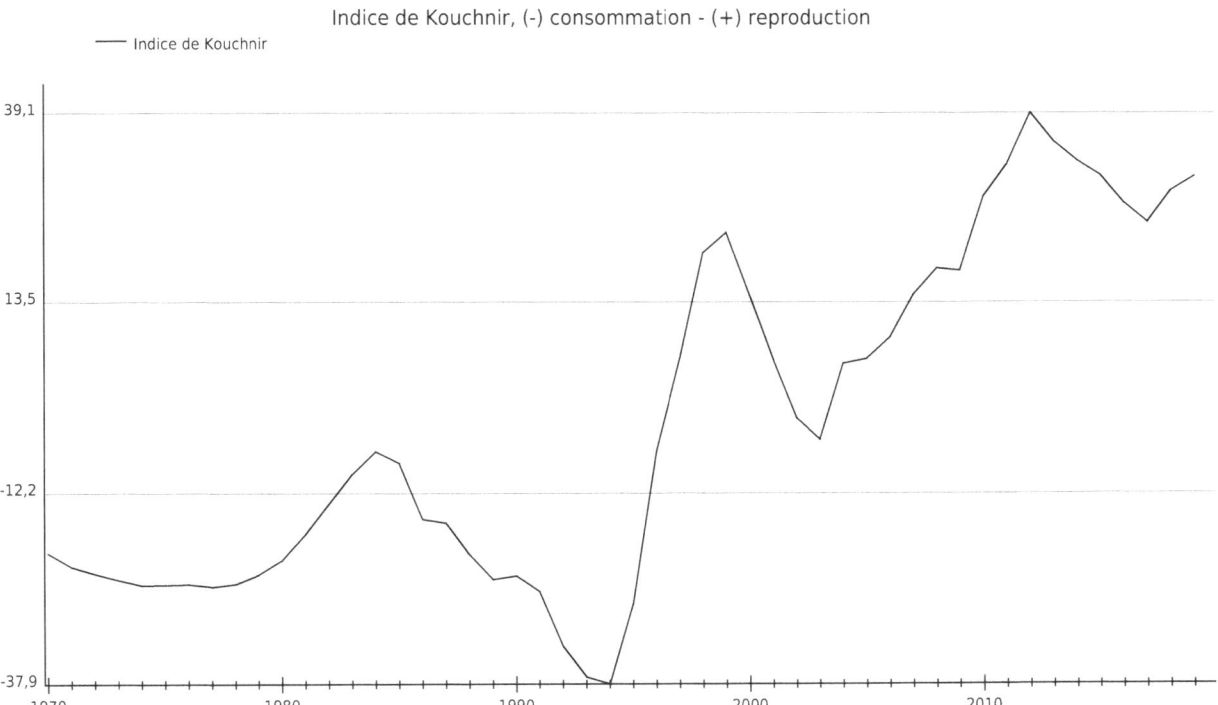

Chapitre XV. Formation de capital fixe

Formation brute de capital fixe

La formation de capital des Bahamas est passé de 239,9 millions de dollars par an dans les années 1970 à 3,1 milliards de dollars par an dans les années 2010, c'est-à-dire 2,8 milliards de dollars ou de 12,8 fois. La variation a été de 276,6 millions de dollars en raison de l'augmentation de 1,1 fois des prix, et de 2,3 milliards de dollars en raison de la croissance du taux par habitant de 5,9 fois, et de 236,9 millions de dollars en raison de la croissance démographique. La croissance annuelle moyenne de la formation brute de capital fixe était de 5,2%. La valeur minimale était de 157,6 millions de dollars en 1970. La valeur maximale était de 3,4 milliards de dollars en 2019.

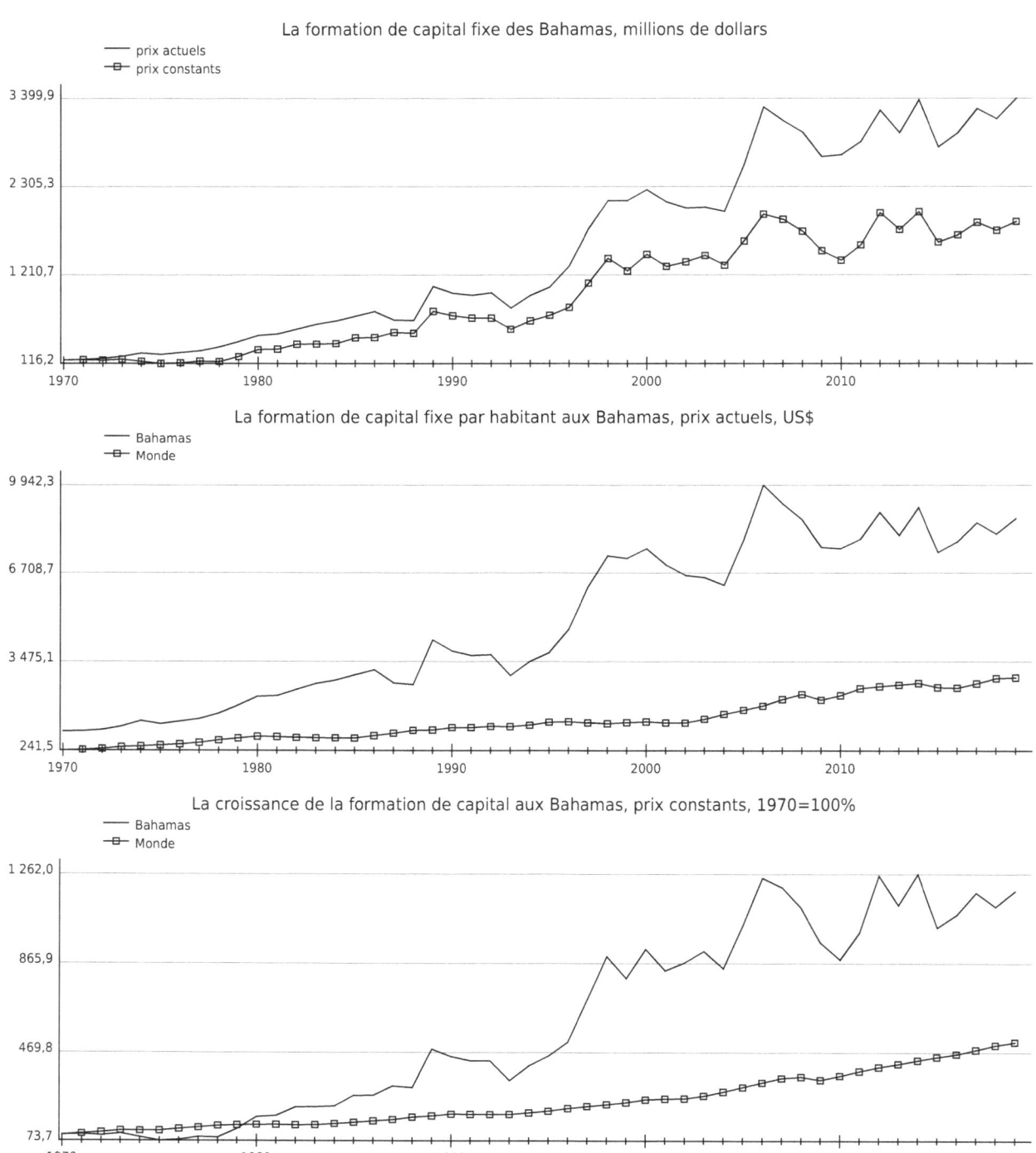

Chapitre XV. Formation de capital fixe

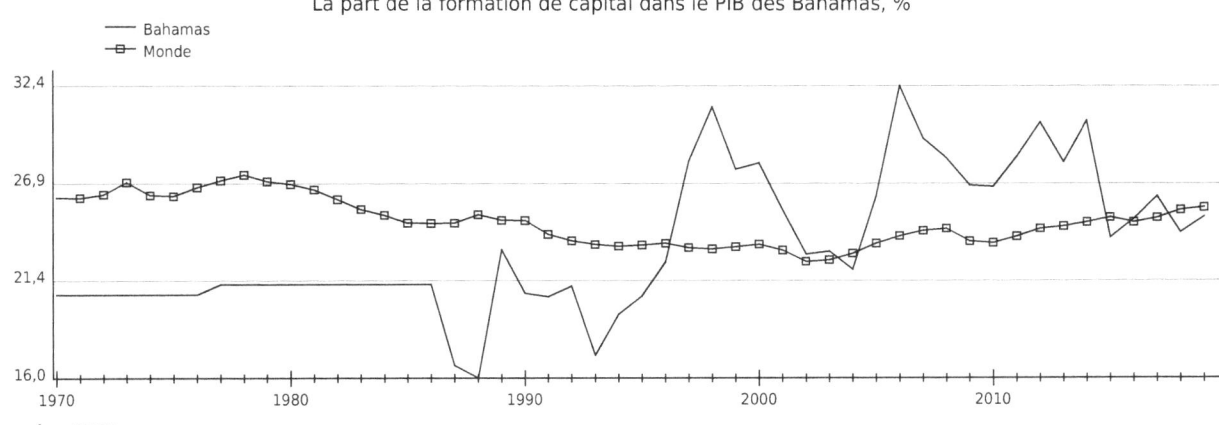

Les années 1970

La formation de capital des Bahamas était de 239,9 millions de dollars par an dans les années 1970, se situant au 109ème rang mondial à égalité avec le Yémen (240,1 millions de dollars), la Polynésie française (237,7 millions de dollars), l'Afghanistan (242,6 millions de dollars). La part dans le monde était de 0,014% et de 0,047% dans les Amériques.

La part de la formation de capital dans le PIB des Bahamas était de 20,9% dans les années 1970, se classant au 113ème rang mondial.

La formation de capital fixe par habitant aux Bahamas était de 1280 dollars dans les années 1970, se situant au 30ème rang mondial, à égalité avec la Libye (1 267,4 de dollars), le Gabon (1 293,0 de dollars), l'Europe du Nord (1 311,5 de dollars). La formation de capital par habitant aux Bahamas était 3,0 fois supérieure la formation de capital par habitant au Monde (433,5 US$), et 40,1% supérieure la formation de capital fixe par habitant dans les Amériques (913,4 US$).

La croissance de la formation brute de capital fixe aux Bahamas était de 2.7% dans les années 1970, se situant au 141ème rang mondial. La croissance de la formation de capital aux Bahamas (2,7%) a été inférieure à celle du monde (4,2%), et inférieure à celle des Amériques (5,3%).

Comparaison avec les voisins. La formation de capital des Bahamas était supérieure à celle des Îles Turks-et-Caïcos (5,3 millions de dollars); mais inférieure à celle des États-Unis (381,9 milliards de dollars) et de Cuba (3,1 milliards de dollars). La formation de capital par habitant aux Bahamas était supérieure à celle des Îles Turks-et-Caïcos (796,6 de dollars) et de Cuba (328,7 de dollars); mais inférieure à celle des États-Unis (1 750,0 de dollars). La croissance de la formation brute de capital fixe aux Bahamas était inférieure à celle des Îles Turks-et-Caïcos (12,6%), de Cuba (5,4%) et des États-Unis (4,4%).

Comparaison avec les leaders. La formation de capital fixe des Bahamas était inférieure à celle des États-Unis (381,9 milliards de dollars), de l'URSS (214,6 milliards de dollars), du Japon (191,6 milliards de dollars), de l'Allemagne (125,8 milliards de dollars) et de la France (82,9 milliards de dollars). La formation de capital par habitant aux Bahamas était supérieure à celle de l'URSS (850,9 de dollars); mais inférieure à celle des États-Unis (1 750,0 de dollars), du Japon (1 720,7 de dollars), de l'Allemagne (1 597,2 de dollars) et de la France (1 545,4 de dollars). La croissance de la formation brute de capital fixe aux Bahamas était supérieure à celle de la France (2,7%) et de l'Allemagne (1,5%); mais inférieure à celle des États-Unis (4,4%), du Japon (3,9%) et de l'URSS (3,2%).

Les années 1980

La formation de capital fixe des Bahamas était de 657,7 millions de dollars par an dans les années 1980, se situant au 99ème rang mondial à égalité avec la Mongolie (646,2 millions de dollars). La part dans le monde était de 0,017% et de 0,054% dans les Amériques.

La part de la formation brute de capital fixe dans le PIB des Bahamas était de 20,3% dans les années 1980, se situant au 116ème rang mondial, à égalité avec les Maldives (20,3%), Sainte-Lucie (20,2%), l'Amérique centrale (20,2%).

La formation de capital fixe par habitant aux Bahamas était de 2838.2 dollars dans les années 1980, se situant au 26ème rang mondial, à égalité avec l'Océanie (2 826,6 de dollars), Singapour (2 793,8 de dollars), la France (2 907,7 de dollars). La formation de capital fixe par habitant aux Bahamas était 3,6 fois supérieure la formation de capital par habitant au Monde (790,9 US$), et 53,6% supérieure la formation de capital fixe par habitant dans les Amériques (1 848,1 US$).

La croissance de la formation de capital aux Bahamas était de 14.3% dans les années 1980, au 5ème rang mondial. La croissance de la formation brute de capital fixe aux Bahamas (14,3%) a été supérieure à celle du monde (2,5%), et supérieure à celle des Amériques

(1,9%).

Comparaison avec les voisins. La formation de capital fixe des Bahamas était supérieure à celle des Îles Turks-et-Caïcos (17,6 millions de dollars); mais inférieure à celle des États-Unis (958,4 milliards de dollars) et de Cuba (5,9 milliards de dollars). La formation de capital fixe par habitant aux Bahamas était supérieure à celle des Îles Turks-et-Caïcos (1 809,4 de dollars) et de Cuba (586,1 de dollars); mais inférieure à celle des États-Unis (4 002,1 de dollars). La croissance de la formation brute de capital fixe aux Bahamas était supérieure à celle des Îles Turks-et-Caïcos (12,8%), de Cuba (4,3%) et des États-Unis (3,1%).

Comparaison avec les leaders. La formation de capital des Bahamas était inférieure à celle des États-Unis (958,4 milliards de dollars), du Japon (571,7 milliards de dollars), de l'URSS (271,0 milliards de dollars), de l'Allemagne (238,1 milliards de dollars) et de la France (164,3 milliards de dollars). La formation de capital par habitant aux Bahamas était supérieure à celle de l'URSS (984,8 de dollars); mais inférieure à celle du Japon (4 713,7 de dollars), des États-Unis (4 002,1 de dollars), de l'Allemagne (3 052,1 de dollars) et de la France (2 907,7 de dollars). La croissance de la formation brute de capital fixe aux Bahamas était supérieure à celle du Japon (4,8%), des États-Unis (3,1%), de la France (2,4%), de l'URSS (1,7%) et de l'Allemagne (1,4%).

Les années 1990

La formation de capital des Bahamas était de 1,3 milliards de dollars par an dans les années 1990, se situant au 98ème rang mondial. La part dans le monde était de 0,019% et de 0,063% dans les Amériques.

La part de la formation de capital dans le PIB des Bahamas était de 23,6% dans les années 1990, au 79ème rang mondial, à égalité avec le Monde (23,6%), la Russie (23,5%), la Slovénie (23,7%).

La formation de capital par habitant aux Bahamas était de 4743.2 dollars dans les années 1990, se classant au 28ème rang mondial, à égalité avec l'Australasie (4 800,4 de dollars). La formation de capital fixe par habitant aux Bahamas était 4,0 fois supérieure la formation de capital par habitant au Monde (1 183,8 US$), et 76,1% supérieure la formation de capital par habitant dans les Amériques (2 694,1 US$).

La croissance de la formation brute de capital fixe aux Bahamas était de 5.1% dans les années 1990, se situant au 74ème rang mondial, à égalité avec le Luxembourg (5,1%). La croissance de la formation brute de capital fixe aux Bahamas (5,1%) a été supérieure à celle du monde (2,8%), et supérieure à celle des Amériques (4,4%).

Comparaison avec les voisins. La formation de capital fixe des Bahamas était supérieure à celle des Îles Turks-et-Caïcos (57,0 millions de dollars); mais inférieure à celle des États-Unis (1,6 billions de dollars) et de Cuba (3,6 milliards de dollars). La formation de capital fixe par habitant aux Bahamas était supérieure à celle des Îles Turks-et-Caïcos (3 643,6 de dollars) et de Cuba (331,9 de dollars); mais inférieure à celle des États-Unis (6 067,2 de dollars). La croissance de la formation brute de capital fixe aux Bahamas était supérieure à celle des États-Unis (4,8%) et de Cuba (-9,0%); mais inférieure à celle des Îles Turks-et-Caïcos (12,5%).

Comparaison avec les leaders. La formation de capital des Bahamas était inférieure à celle des États-Unis (1,6 billions de dollars), du Japon (1,3 billions de dollars), de l'Allemagne (520,7 milliards de dollars), de la France (299,3 milliards de dollars) et du Royaume-Uni (250,0 milliards de dollars). La formation de capital par habitant aux Bahamas était supérieure à celle du Royaume-Uni (4 319,1 de dollars); mais inférieure à celle du Japon (10 425,9 de dollars), de l'Allemagne (6 456,6 de dollars), des États-Unis (6 067,2 de dollars) et de la France (5 039,5 de dollars). La croissance de la formation de capital aux Bahamas était supérieure à celle des États-Unis (4,8%), de l'Allemagne (2,4%), du Royaume-Uni (1,7%), de la France (1,5%) et du Japon (0,18%).

Les années 2000

La formation de capital fixe des Bahamas était de 2,5 milliards de dollars par an dans les années 2000, au 111ème rang mondial à égalité avec le Salvador (2,5 milliards de dollars), le Sénégal (2,5 milliards de dollars), le Paraguay (2,5 milliards de dollars). La part dans le monde était de 0,023% et de 0,070% dans les Amériques.

La part de la formation brute de capital fixe dans le PIB des Bahamas était de 26,6% dans les années 2000, se situant au 58ème rang mondial, à égalité avec le Honduras (26,6%), Sao Tomé-et-Principe (26,7%), la Suisse (26,6%).

La formation de capital fixe par habitant aux Bahamas était de 7779.3 dollars dans les années 2000, se classant au 27ème rang mondial, à égalité avec la Belgique (7 820,8 de dollars), l'Europe de l'Ouest (7 676,4 de dollars). La formation de capital fixe par habitant aux Bahamas était 4,6 fois supérieure la formation de capital fixe par habitant au Monde (1 690,7 US$), et 90,7% supérieure la formation de capital fixe par habitant dans les Amériques (4 079,3 US$).

Chapitre XV. Formation de capital fixe

La croissance de la formation brute de capital fixe aux Bahamas était de 1.8% dans les années 2000, se situant au 149ème rang mondial, à égalité avec la Bolivie (1,8%), l'Amérique centrale (1,8%). La croissance de la formation brute de capital fixe aux Bahamas (1,8%) a été inférieure à celle du monde (3,5%), et supérieure à celle des Amériques (1,3%).

Comparaison avec les voisins. La formation de capital des Bahamas était supérieure à celle des Îles Turks-et-Caïcos (201,0 millions de dollars); mais inférieure à celle des États-Unis (2,8 billions de dollars) et de Cuba (4,3 milliards de dollars). La formation de capital par habitant aux Bahamas était supérieure à celle des Îles Turks-et-Caïcos (7 507,1 de dollars) et de Cuba (385,5 de dollars); mais inférieure à celle des États-Unis (9 376,4 de dollars). La croissance de la formation de capital aux Bahamas était supérieure à celle des États-Unis (0,43%); mais inférieure à celle des Îles Turks-et-Caïcos (9,6%) et de Cuba (5,7%).

Comparaison avec les leaders. La formation de capital fixe des Bahamas était inférieure à celle des États-Unis (2,8 billions de dollars), du Japon (1,2 billions de dollars), de la Chine (1,0 billions de dollars), de l'Allemagne (557,7 milliards de dollars) et de la France (463,9 milliards de dollars). La formation de capital par habitant aux Bahamas était supérieure à celle de la France (7 386,7 de dollars), de l'Allemagne (6 851,1 de dollars) et de la Chine (782,2 de dollars); mais inférieure à celle des États-Unis (9 376,4 de dollars) et du Japon (8 981,8 de dollars). La croissance de la formation de capital aux Bahamas était supérieure à celle de la France (1,6%), des États-Unis (0,43%), de l'Allemagne (-0,56%) et du Japon (-2,0%); mais inférieure à celle de la Chine (13,4%).

Les années 2010

La formation de capital fixe des Bahamas était de 3,1 milliards de dollars par an dans les années 2010, se classant au 129ème rang mondial à égalité avec le Niger (3,1 milliards de dollars), la Papouasie-Nouvelle-Guinée (3,1 milliards de dollars), la Jamaïque (3,1 milliards de dollars). La part dans le monde était de 0,016% et de 0,060% dans les Amériques.

La part de la formation brute de capital fixe dans le PIB des Bahamas était de 26,7% dans les années 2010, au 52ème rang mondial, à égalité avec l'Asie centrale (26,6%), Djibouti (26,8%), le Kosovo (26,9%).

La formation de capital par habitant aux Bahamas était de 8253.4 dollars dans les années 2010, se classant au 34ème rang mondial, à égalité avec les Émirats arabes unis (8 280,9 de dollars). La formation de capital par habitant aux Bahamas était 3,1 fois supérieure la formation de capital par habitant au Monde (2 621,1 US$), et 56,2% supérieure la formation de capital par habitant dans les Amériques (5 284,2 US$).

La croissance de la formation de capital aux Bahamas était de 2.2% dans les années 2010, se classant au 126ème rang mondial, à égalité avec la Mauritanie (2,2%), l'Europe (2,2%), l'Est (2,2%). La croissance de la formation de capital aux Bahamas (2,2%) a été inférieure à celle du monde (4,1%), et inférieure à celle des Amériques (2,9%).

Comparaison avec les voisins. La formation de capital fixe des Bahamas était 20,6 fois supérieure à celle des Îles Turks-et-Caïcos (149,2 millions de dollars); mais 1 170,7 fois inférieure à celle des États-Unis (3,6 billions de dollars) et 2,5 fois inférieure à celle de Cuba (7,6 milliards de dollars). La formation de capital par habitant aux Bahamas était 96,8% supérieure à celle des Îles Turks-et-Caïcos (4 193,5 de dollars) et 12,3 fois supérieure à celle de Cuba (673,0 de dollars); mais 26,7% inférieure à celle des États-Unis (11 264,9 de dollars). La croissance de la formation brute de capital fixe aux Bahamas était supérieure à celle des Îles Turks-et-Caïcos (-2,2%); mais inférieure à celle de Cuba (4,8%) et des États-Unis (3,8%).

Comparaison avec les leaders. La formation de capital des Bahamas était 1 471,1 fois inférieure à celle de la Chine (4,5 billions de dollars), 1 170,7 fois inférieure à celle des États-Unis (3,6 billions de dollars), 393,6 fois inférieure à celle du Japon (1,2 billions de dollars), 244,8 fois inférieure à celle de l'Allemagne (752,5 milliards de dollars) et 226,6 fois inférieure à celle de l'Inde (696,8 milliards de dollars). La formation de capital par habitant aux Bahamas était 2,6 fois supérieure à celle de la Chine (3 224,9 de dollars) et 15,4 fois supérieure à celle de l'Inde (535,2 de dollars); mais 26,7% inférieure à celle des États-Unis (11 264,9 de dollars), 12,8% inférieure à celle du Japon (9 460,2 de dollars) et 10,2% inférieure à celle de l'Allemagne (9 192,9 de dollars). La croissance de la formation de capital aux Bahamas était supérieure à celle du Japon (1,8%); mais inférieure à celle de la Chine (8,0%), de l'Inde (5,8%), des États-Unis (3,8%) et de l'Allemagne (2,8%).